nicolai kobus – hard cover. gedichte

nicolai kobus

hard cover
gedichte

mit einem autorengespräch
geführt von susanne schulte

BÜCHER DER NYLAND-STIFTUNG · KÖLN

voi ch'entrate

was dich umweht an wörtern im wind
dieser hölle ziehst du auf dich
abzuschirmen ein dünnhäutiges tier

gegen die strahlungen der feuer ringsum
die halbverbrannten leiber darin geben kund
daß ihnen die zungen schon lange gerissen

das weiße im auge schon schwarz
geworden ist verdorrt im feuer du
legst schicht um schicht beschriebenes

papier um deine fahle epidermis
als einen panzer gegen die übergriffe
der flammen kleidest deinen körper

in ein nach und nach vollkommenes
kostüm aus zweiter hand: kein wald
nur kohle in den rücken tausendfach

gepfählter leben es schreibt sich leicht
damit nur asche fällt dabei vom stamm
aus der es wimmert wie ein kind verirrt

inmitten schwarzer stelen: nimm und schreib
mich ab graviere meinen namen ins metall
der letzten schale deiner panzerung

ganz leise kratzt die nadel: nimm
und schreib mich ab auf daß ich bleibe
ein geräusch du hörst noch immer gut

kein schrei kein satz aber von denen
die dich zeugten kein wort von dir
soll niemand hören auch nur einen laut

komposita

SELBSTPORTRAIT TAGESNOTIZ das krampfhafte
festhalten an augenblicken der gewißheit
in greifbaren bildern wie der asymmetrie zweier
gesichtshälften wenn unerwartet sich eine art
leben eingräbt unter dem linken lidrand
oder dem rechten *but your eyes proclaim
that everything is surface* so genau du auch
hinsiehst in der ersten anstrengung des tages
die wahrnehmung ist immer seitenverkehrt

HERBSTWIND ARGONAUTENANTRIEB gut zu wissen
daß um diese uhrzeit noch halt ist im rücken
und dich auf der straße nur laub und zeitungs
fetzen überholen wie eilige boten
denen am ende der tod droht zerrissen
die wolkendecke dahinter hoch oben
vielleicht der bug eines schiffes eine gestalt
im mantel zugleich segel und kokon stemmt
sich gegen wellen wolkenfelsen dunkelheit
du wirfst die reste von gesang voraus
(*the harpies are gone*) daß es sich finden wird
weißt du was du nicht weißt: das vlies
ist gegen morgen ein schleier vor augen

SPERRSTUNDE ALLERSEELEN rein syntaktisch
liegt das nah beieinander geschlossene räume
riechen nach abgelaufenen haltbarkeitsdaten
einen auf zwei meter privatsphäre weil es so
brauch ist in den gläsern die frist noch immer
the age of anxiety bis zum abwinken
dann gehen sie paarweise damit sich später
mal jemand erinnert oder einzeln weil es eh
schon reichlich überhänge gibt allein dem satz
bau nach ist die stadt verdrängung feuchter erde

WINTEREINBRUCH SCHLAGSCHATTEN immer länger
die schwarzen schemen in der mitte geknickt
an fassaden aber haushoch als vorüber
gehende ahnung von unsterblichkeit im spiel
mit körper und abbild *in zen there's not much
difference between the two* auch in bildern
die gleichzeitige gegenwart des anderen doch
nur bei schrägem lichteinfall nur einmal
am tag diese tiefstehende sonne

LABORLICHT SCHLAFENTZUG versuchsweise
das taumeln durch randzonen interferenz
räume zwischen dir und dem rest der welt
neuronenkatarakt *even if you're paranoid*
that doesn't mean they are not after you
tage an denen die nervenenden blank liegen
und du auf die suche gehen könntest nach
geschwollenen lymphknoten am ganzen
körper indizien sagt man für entzündungen
– lächerlich was zündet hier denn noch

SCHERBENGERICHT DRUCKAUSGLEICH angeschnitten
beim durchschlagen von fensterglas die hand
blutet wie bleiglas in kathedralen von innen
nach außen matt schimmernd kaum ein rot mehr
ein abgrund der licht schluckt zuletzt auch
das flüchtige leuchten der splitter im fleisch
beim heben der hand zum auge näher zu dir
selbst jetzt im freien zunehmend *a tonic of*
darkness and the final absence of all motion

zu fressen hast du also

der dichter

> *i've been to the zoo.*
> *i said, i've been to the zoo.*
> *MISTER, I'VE BEEN TO THE ZOO!*
> Edward Albee

geübten gangs der immergleichen schritte
(was dich am gehen hält ist keine raserei
von außen das umkreisen einer mitte
von innen sind dir kreise einerlei)

vergleichst du dich mit tieren hinter gittern
mit großen katzen vorzugsweise die noch jung
und doch schon abgestumpft bis auf das zittern
in feuchten flanken vor der fütterung.

das bild ist schön (der blick unendlich müde
das fell von seidenmattem glanz) und hält
was es verspricht, die edle attitüde:
gefangen und gelangweilt von der welt.

du vergißt: die tiere kennen es nicht anders.
im zoo geboren ist der zoo die welt.
auch wenn du noch so lange wanderst
der käfig ist was dich am leben hält.

und doch siehst du dich so an trüben tagen
und fällst auf diesen schönen schein herein.
nicht im herzen nein in deinem magen
hör'n die dinge auf zu sein.

man wirft dir fleisch tagtäglich durch die stäbe
zu fressen hast du also und warum
wünschst du dir daß es keine stäbe gäbe?
die freiheit bringt dich doch nur um.

FRAGMENTE kaum hinterlassungsfähige
gebilde kleinkram

aber mit erinnerungswert
wie angebrochene krebsgehäuse
oder steine vom strand in dänemark

wo man kinder zurücklässt
wie in den sand getretene zigarettenkippen
eine zwei drei – je nach dauer

des aufenthalts an randzonen
größerer gewässer: sargassosee oder

marmarameer vier silben wörter
aber mit phrasierungen wie
die es-moll-kadenz am anfang

von monks round midnight
– das geht weit hinaus und bleibt
doch ganz bei sich (im innenohr auf jahre)

Oder die 3 Takte von Tschaikowsky
die man durch drei Etagen erkennt
vom einkauf zurück im treppenhaus

mit nahrung in tragetaschen die stufe
für stufe an gewicht gewinnen und wert
verlieren wegen der haltbarkeit

die sich in momenten bemißt

und sonst? – vielleicht alle zwei tage
rasieren und darauf achten daß einem
die gesichtszüge unter den stoppeln

nicht entgleiten wie namen von leuten
die man so alle zwei jahre mal sieht

und man sich fragt wie oft
sich eins und zwei wohl noch

addieren lassen

*Ach es ist ja keine Dichtung
in welchen Graden der Vernichtung
man die Dinge sieht*

es ist nur die belichtung
einer silberstaubbeschichtung
die auf dem papier geschieht

ICH BIN EIN NAME unter vielen
meine vier buchstaben sind auch nur ein wort

ich bin einsilbig wie hundegebell
des abends liege ich wund unterm fell

auf der bierbank und rieche
von weitem die sperrstunde nahen

wie reiter in harnisch und blutdurst
ich klemme den schwanz ein und laufe

rückwärts und esse noch wurstsalat
mein zynismus ist milchtritt von welpen

ich bin keine antwort auf fragen
von allgemeinem interesse

haltet die fresse würde ich sagen
wenn ich was zu sagen hätte

ich bin der mit dem bildband
neben der tagessuppe – barocke tableaux

statt geblähtem gerede vom lauen geschäft
mir doch schnuppe wenn von leichter hand

vielleicht ein zwei luzide bonmots
auf den bierdeckel gekritzelt

zusammen mit dem andern dreck
vom tisch im ascheneimer landen

ich bin der in kneipen mit einem nicken
des kopfes bestellt – identität

ist das verstricken des konkreten
mit dem abstrakten wie ein hund

der eine witterung im dunkeln
zwischen die zähne nimmt

als hätte er daran schon reichlich
zu beißen abends unter der bierbank:

Ich bin nichts Offizielles –,
ich bin ein kleines Helles

komm
oder was dichter wirklich zu sagen haben

komm, vögeln wir zusammen
wer vögelt ist nicht tot
es zittern doch die strammen
schenkel sehr vor lauter not.

komm, treiben wir's im freien
komm, das ende droht
wir sabbern, stöhnen, schreien
wer vögelt ist nicht tot.

allein läßt sich die wüste
lust doch nicht verdaun –
du, streichle deine brüste
laß uns das bett versaun!

und schon so nah den lippen
sie sind so prall und rot –
komm, fang jetzt an zu strippen
wer vögelt ist nicht tot.

ezra

quasi una cadenza

alba

aber trüffelhunde ezra
halten die nase nur scheinbar
in bodennähe sie halten
die augen offen für kleinste
fliegen mit besseren nasen
als hunde sie haben nahe
dem boden unmittelbar
ein stieben flirren von schatten
as cool as the pale wet leaves
abends im abwind der *langhe*
wie zwischen altem gemäuer
das gehen der frauen alle
auf taille geschnitten mode
ist terror ohne das grauen
am morgen nach der schlacht
um ein zwei meter areal
auf leinenlaken der leichte
duft von frischen weißen trüffeln
she lay beside me in the dawn
man begegnet sich fünfmal
pro nacht das erhöht die menschen
kenntnis vermeidet entfremdung
und vermittelt das gefühl
man habe auch nächtens noch
zu tun mit sich und seinen
fünf sinnen ezra von weitem
das bellen der hunde und nah
das licht in den gassen fragil
wie die flügel der falter
ein sinnloses überborden
der ornamente symmetrie
ins dunkel gezeichnet dieses
nervöse leben aus papier
im glast der gaslaternen –
the white light and the night flies

für Karin Holzmann
und Vincenzo Corino

genova

kopfschuß ezra gib acht sonst steht
dir plötzlich das dritte auge
auf der stirn jetzt nicht mehr denken
nur noch sinn fürs visuelle
die fakten *harsher than granite*
beim aufschlag aufs grobe pflaster
der altstadt das obszöne blau
des himmels ezra das profil
der reifen hinterläßt spuren
auf dem brustkorb wenn sie drüber
rollen einmal zweimal ezra
dunkel wird es dann von rauch und
tränengasgranaten schwaden
ziehen hinunter zum hafen
zum meer *unstill ever moving*
ezra du hättest zu sagen
gewußt: *the coming of war*

2001

torino

wie paris ezra nur leichter
verspielter letzter farbenrausch
des säkulums gepunktet
der apfel vergoldet das licht
gestreut unter die schönsten
der formen im garten (*will you
find your lost dead among them?*)
unter den blättern im brunnen
– die linie vom *palazzo
reale* zum bahnhof ezra
zum verrücktwerden gerade
zum flüchten elegant ein gang
unter arkaden unklar
zwischen woher und wohin
als hättest du noch zeit genug
für ein flanieren entlang
dem fluß das angespülte
zu bestaunen dreck und schaum
wie gold gestreut ins abendrot
oder droschkenfahrten wenn
sich noch kutscher finden ließen
und wohnungen mit südbalkon
in klassischer kulisse –
das sublime zum frühstück
wäre irrsinn armenspeisung
stets hunger doch die augen satt
hier leben hieße *notizen
dann nach aufschnitt laufen* ezra
salami von pferdefleisch

rapallo

ruinen ezra das ganze
neunzehnte jahrhundert bricht
in zeitlupe zusammen wie
das hotel am *corso* fenster
mit kirschholz gut vernagelt
aber der marmor hat risse
schon in form von wurzelwerk
der putz fällt in ockerplacken
stündlich ab von der fassade
einer fraglosen *grandezza*
(hast du geglaubt ezra die welt
wartet auf dichter die sagen
wo's langgeht hast du geglaubt
ein verirrter soldat bringt dich
auf seinem fahrrad direkt
ans ohr des präsidenten)
und im park die platanen so
groß daß man erst lange rückwärts
bis hinab zum hafen laufen
muß um sie als bäume ganz
zu sehen ezra die macht
verzweigt sich und verfällt zugleich
knöchern bis in die kronen
hoch wie deine stimme ezra
so brüchig im radio

s. niccolo

da staunst du ezra das schöne
greift dich wohl immer noch an
der erhabene blick über
den golf von genua das meer
nur ein fernes geräusch weit
unten die spärlich punktierte
fläche als spiegel des himmels
in einem entgleitenden
blau (*you have denied yourself
to me*) im rücken bewaldet
mit erlen eschen oliven
die füße noch wund doch fest
auf polierten schwarzen kieseln
vor der kirche die stille
ist dein persönlicher abgrund
ezra kein mensch nur katzen
schläfrig von der mauerwärme
(*even in my dreams*) du trinkst
aus felsengrotten wasser noch
und weißen wein aus schläuchen
ißt trockenfisch und obst und schaust
hinab in diese bucht und hörst
nichts außer dem meer von unten
und um deinen schweren kopf
das sonar der fledermäuse
wie querschläger geschosse
im dunkeln sätze geflüstert
durch deine starre maske:
lauschen ist ortsbestimmung
und der mond ein reifer pfirsich

kleintiere

DAS WESPENNEST ein fester rest von bauwerk
im zwischenraum der gaube als letzter
test des überlebens vor dem winter

ich glaube die ritzen der rigipsplatten
durchsickert kein kleistersekret
sondern geronnenes blut so sterben

gestreifte körper in röhren als material
und werkzeug zugleich in diensten
der königin ich höre das fressen

ein ohrenbetäubendes flüstern im dach
der kammerjäger vermittelt gelassenheit
angesichts einjähriger nester spätestens

nach dem ersten frost ist ruhe da oben
vergleichsweise kurzfristige staatenbildung

EINZELNE RATTEN laufen im schatten von mauern
und hecken sie hatten vor generationen schon
schlechte erfahrungen auf freier fläche

gesammelt die prägen fürs weitere leben
das geht nur selten verlassen vonstatten
sie suchen beständig ihr ebenbild

rotten von ratten bevorzugen grotten
mit glatten böden auf denen sie satte masse
und dichte gewinnen als matten aus fell

und fleisch auf engstem raum verwachsen sie
im innern zu einem organ das atmet gelassen
und wird genährt von den rändern her

sie sagen sich du bist vollkommen gleich
unter gleichen unsterblich und nicht allein

AMEISEN REISEN auf eigene weise sehr leise
entstehen die wege beim gehen das ziel
ist die schnellste verbindung zwischen

a und b eine endlose zahl von punkten
auf der geraden die körper gereiht
in angewandter geometrie ungeachtet

einzelner hindernisse einer gigantischen
landschaft aus erde und stein selbst
senkrechte wände sind leichtes gelände

für eine liniendünne schneise durch alles
was nicht interessiert links und rechts
der bewegung von heimat zur speise

wer auf der strecke bleibt ist material
für weiteren schweigenden straßenbau

DIE KRÄHEN auf dem first in einer zeile
aus satzzeichen ohne die wörter
dazwischen gefiederter lückentext

sie spähen nach artgenossen
die sich lautlos aneinander reihen
und achten ihr augenlicht

am späten nachmittag der plan
ist verbindlich und besteht zugleich
in einem erhebenden geräusch

sie nähen ein tuch in den lüften
und legen es weich über die kahle
kastanie im hinterhof bis morgen

scheint der baum belaubt im winter
wohl dem der jetzt noch zweifel hat

EINIGE LEMMINGE stemmen sich noch
gegen die grasnarbe am klippenrand
in einer art von sargnageltreuem

sippenwiderstand bieten sie stählernen
bulldozern nacken und rücken die stirn
aber ist diesem sich nähernden abgrund

zugewandt während ein filmteam wütet
es möge doch endlich der kollektive absturz
folgen schließlich sei zeit auch geld und

sowieso teuer stürzen tierschützer herbei
und schürzen betroffen die lippen lemminge
aber gehen gern freiwillig schwimmen sie

reagieren auf solcherlei rettungsversuche
meist einigermaßen ungehalten

WIE VIELE EINTAGSFLIEGEN braucht es
einen tisch zu biegen wie viele tage
braucht es einzusehen daß ein tisch

das gegenteil von fliegen darstellt einen
zustand vierbeiniger bodenhaftung gegen
sechsbeinige erhebung übersteigung zwei

bis vierflügelig vulgo englisch *fuck and die
flies* manche landen noch vor tagesfrist
im spinnennetz am fensterkreuz die übrigen

sammeln sich hektisch an der zimmerdecke
in gardinen überbordend alle mit allem
zu versorgen ein zwang gegen morgen

allerdings kommt der handlungsdrang
dieser fliegen auf dem tisch zum erliegen

WENN TAUBEN blaue trauben klauben
glauben wir gerne hier rauben sehr
wählerische vögel nur ausgesuchte

trauben ganz friedlich vollzieht dieser
diebstahl sich an südlich gelegenen
rebenhängen im gegensatz zu allem

streben und drängen einiger winzer
nach einem saftigen ertrag siedeln tauben
entspannt im schatten aufgestellter

windschutzmatten und erwarten duldsam
den abend wenn die maschinen schweigen
die winzer in ihren häusern die hänge

vergessen nur ganz ausgekochte tauben
nisten derweil unter motorhauben

SO EINE SPINNE als lauerndes getier
an der zimmerdecke eine innere stimme
die sagt du willst auch deine netze

im raum die wege und nahrung bedeuten
gesetze nach denen dein tag verläuft
die trockenen hüllen am abend insekten

ausgesogen und der schwerkraft anheim
gegeben sammeln sich vorm fensterbrett
am boden wie beschriebenes papier leer

wie ich *by chance or nature* das fenster
schließe aufs überstehn getrimmt spät
nachts vor weiteren tieren gerettet

fand ich sie morgens am inneren rand
des rahmens zufällig ziemlich geplättet

IN DIESEN STUNDEN streunenden hunden
vertrauen zu schenken ist wie an runden
geburtstagen zu denken die wünsche

für gesundheit und allerlei glück kämen
von herzen und nicht aus nackter angst
vor einer endgültigen einsamkeit nachts

in geschlossener gesellschaft straßenköter
aber sind schwerenöter und alles andere
als wählerisch mit geröteten augen nähern

sie sich *after the party* deiner dürren gestalt
im satten sommergrünen straßengraben sie
suchen gehalt und schnüffeln vielleicht noch

an deinem gestärkten kragen und lassen
dich achtlos weiter aus dem graben ragen

DEN KADAVER schwarz von fliegen sah ich
auf der straße liegen ging vorbei und hörte
rücklings die fliegen auseinander stieben

acht bis neun mal bin ich diesen weg
gegangen niemals vorher blieb ich
auch nur für sekunden an dem körper

hangen jetzt aber sehe ich erstmals ein
belangloses vogelküken halbverwest
die flügelreste wie morsche krücken

ausgestreckt nach rechts und links so
beiläufig gekreuzigt vor einer rückkehr
der fliegen nach mir ein anderes leben

dachte ich leichterdings ach
wären sie doch kleben geblieben

DIE DOHLEN stoisch auf keramikdolden
kronenhoch im starkstrommast wo
noch vor wochen ein idiot sich eine

zigarette an der reinen energie entzünden
wollte und plötzlich wirklich in der leitung
hing weil der funke endlich einmal über

sprang zwischen ihm und diesem rest
der welt der immer schneller fließt mal
ober und mal unterirdisch jedenfalls

durch drähte die ihn seit je umspannten ihn
verstrickten ihn doch niemals eingehn ließen
in den strom auf dem jetzt oben jene dohlen

thronen und mit dem schnabel seine körper
reste als kohlenkruste von den spanten klopfen

nirgends ein besserer ort

berlin. abraum 1997

> ...*et saepe, dum in tergum respectant, lateribus*
> *aut fronte circumveniebantur, vel, si in proxima*
> *evaserant, illis quoque igni correptis, etiam quae*
> *longinqua crediderant in eodem casu reperiebant.*
> *postremo, quid vitarent quid peterent ambigui,*
> *complere vias, sterni per agros...*
>   Tacitus, Annales

1

denn bleiben ist nirgends. warum auch
        der ganze abriß
            so erbaulich wirkt, ist fraglich. vielleicht
der fehlende widerstand
            in augenhöhe; *frühmorgens*
                weite flächen, abraumhalden
    für zitate (– *hypocrite lecteur* –, etc.). ich bin
        ja sonst nicht so leicht
zu beeindrucken, hier aber hebt sich das hirn
        von selbst ins mythologische. welche götter
    breiten ihre arme über diese

            stadt, und welche sterne flackern
über einem aushub von jahrhunderten? keine frage:
        wir brauchen diese illusion

einer fortgeschriebenen geschichte. löcher
            sind die fundamente einer fabelhaften
zukunft. laß dich treiben, *mon frère*. die straßen

            schmiegen sich so zärtlich an ruinen
wie ein flächenbrand an deine haut (*hat mal*
            jemand feuer?). ich – wäre ich kaiser
– würde singen.

2

vorletzte schwundstufe einer nacht. phoneme
                        im dunkeln (*hell wird es
nie, da kannst du warten bis...*). gegen vier

        ist es gut, nicht unbedingt reden
zu müssen. daß einem trotzdem die vokabeln
        von der unterlippe tropfen, liegt an der angst, allein

zu sein mit sich und dem regenwasser
        im rinnstein. wir sind nicht
                die einzigen, die sich hier das leben

        schöner trinken. andere ziehen sich das weiße
rauschen direkt vom thekenrand
        ins limbische system. ein saum

von silber um die schaltkreise
        einer zerebralen glückseligkeit. *mein lieber bruder*
(es ist alles schon gesagt), *wann bauen wir uns*

        ein boot aus papier und segeln die gosse
hinunter gen genua? schon der lautfolge wegen
        müssen wir schnell sein. berlin brennt

        auch im regen – wer zurückblickt, findet sich
von flammen eingeschlossen. denken ist flucht
        und schlaf ist anderswo.

3

die substanz ältestens
                19. jahrhundert.
                        hier waren franzosen, das *savoir*
vivre wußte man zu schätzen
        (die salons, der ball, quadrille).
                daß vor den toren tausende
      in die bajonette
tanzten, war eine frage der statistik,
          die eigentliche avantgarde
                    saß in fauteuils und sprach
       die gleiche sprache. heute
          ist geschichte kunst
am bau: das auswärtige amt besetzt
              die ehemalige reichsbank (*die geben
sich ja nicht mal mühe,
      zusammenhänge zu kaschieren*).
          dazwischen
tausend jahre, gelegentlich ein wenig

              asche mit dem ostwind, aber sonst
       erstaunlich spurlos. vorher war
          hier nichts

4

nirgends ein besserer ort, abwesend zu sein
                       als schatten nach dem brand, *sub terra*
an der wand in kunstlichtbunkern. körper

             (frauen vorzugsweise. die haut als wortloses
versprechen. der schnelle fick in mauernischen
                       beweist, worum es wirklich

geht), bewegung, um die zeit als schrecken
               zu vertreiben. dein herzschlag zwingt dich

in den takt der stroboskop-polaroids, unklar
                     ob lupe oder raffer. pro minute prasseln
dir einhundertundwerweißwieviele standbilder

                       manisch wiederholter strukturen
         auf die retina. das organische in dir
wird panisch; der beobachter bleibt

             kühl an die kellerwand gelehnt. was du suchst
ist die schweigende selbstähnlichkeit

                       weit entfernt von theorien wie
dem zweiten hauptsatz der thermodynamik:
                 ich kann nicht mehr sein als ich bin –

rotz aus dem rachenraum, *morgens*
         ausgespuckt in ein anderes leben.

                                                 für Kolja Mensing

GELBLICHT ÜBER DER ELBE und die haut
sträubt sich gegen die plötzliche präsenz

von wärme wir schieben die ärmel nach oben
und spülen die reste des winters mit bier

am nachmittag in den noch kühlen sand
und wissen nichts zu sagen am ufer gegenüber

bauen hochbeinige tiere aus bunten quadern
sich eine stadt nach unbekanntem system

zwei winzige schlepper weisen einem frachter
die stelle an der die fahrt aus eigener kraft beginnt

die motoren starten wie in fernen gebirgen
niedergehendes geröll verbrannter diesel

sinkt wie frühe dämmerung aufs wasser
die bugwelle erreicht uns erst spät in der nacht

wenn wir vom sommer reden schon nah
an der küste und doch so fern dem meer

seestücke

1

rückwärts gehen am strand
mit blick auf das sohlenprofil
der schuhe wie es dem sand
sich einprägt und sogleich
an den rändern wieder verläuft

im stolpern über ein stück
treibholz für den augenblick
benommen vom nassen glänzen
eines steins aus versehen

2

hohes ufer fluchtpunkt
elfkommazwo über normalnull

kalkstein
sagt sich so leicht
bei knapp sechs grad

zum baden sehr gut geeignet
keine belastungen
festgestellt

3

die möwen wissen
worauf sie warten im flug
sind die eingeweide mechanisch
hinter den rücken geworfen
die leichtere nahrung

ein dorschkopf
rollt in der dünung unberührt
hin und her als müsse er den schnitt
kurz unterhalb der kiemen
noch auspendeln

4

über nacht hat das meer
drei meter dünensand
vom strand gefressen

stege brechen ab wie sätze
denen das verb fehlt

salz im gesicht und dieses knirschen
zwischen den zähnen

so kommt mitunter
ein stück landschaft
abhanden

fischland / darß, februar 2002

SPÄTVORSTELLUNG SONNTAGS irgendwo
oben surrt ein projektor für mich das paar
im sperrsitz hat fürs zwielicht bezahlt

er sucht mit der zunge gemeinsamkeiten
in ihrem ohr sie haucht ihm beim abspann
bißchen leben ein für den rest der nacht

spiritus asper beim ersten schritt nach draußen
entfällt mir der titel wie ein wetterbericht
weiterhin für die jahreszeit zu kühl noch bier

astra (was man nicht über sich hat soll man
in sich haben) für den fußweg zurück
vom türkischen imbiss die männer sitzen

bis morgens um vier beim tee sie wissen
daß schlaf die dinge nur schlimmer macht

sakura

vom winter noch blind
über nacht hat der hügel
die stirn sich geschminkt

das fieber sinkt wie nebel
sacht in kargen boden

die bäume sind ohne schatten
in den ästen verbirgt sich die angst

vor dem abend das weiß ist aus blut

und wasser gemischt der atem
eine geschmiedete klinge

schneidet das mondlicht in scheiben
die liegen wie augen im gras

bis morgen dann fällt
an den trockenen hängen
drei tage lang schnee

amabilis insania

thema mit variationen

und wieder sitzt einer und beschriftet Fledermausflügel
Ulrich Horstmann

1

schalt ab, mein herz, du weißt, es nimmt kein ende.
was schlägst du gegen widerstände an?
im brachgelände nichts, nur dann und wann
ein satz wie in den sand so vieler strände

geschrieben, überspült und zugeweht.
dein puls ist eine schleppende synkope,
die nachgestellte, überformte trope
mit verve, doch immer einen schlag zu spät.

endokrinologische erfahrungen
bei schizoiden zyklothymien –
wie vorzeitliche zeichen, tief im bern-

stein eingeschlossne offenbarungen,
mein herz, du weißt, woher, warum noch fliehen?
...was zerebral sich nähert, hält dich fern.

2

was zerebral sich nähert, hält dich fern
vom kleinen glück im kosmischen begreifen.
um fünf uhr früh kein schlaf, nur warteschleifen
durch cortexrauschen, bier und alltagslärm:

aus der einzelzelle nebenan dringt
schon mit der spülung ungebrochner wille
zum weitermachen durch die morgenstille.
jetzt duschen... fehlt nur, daß der typ noch singt!

ach, denken, schlafen oder doch genießen
wie sie erst gestern saftig vor dir lag?
sie kam und sah im koitalen fließen

so selig aus und sagte noch: verschwende
deine zeit nicht an den ausgedachten tag,
wirklich nah sind nur die eignen hände.

3

wirklich nah sind nur die eignen hände
selbst auf papiernem weiß der fremden haut
...das keuchen klingt dir wie ein vogellaut,
ein krächzen im geviert der kachelwände.

es ist der kurze hirntod, der dich reizt,
ins offen aufgebahrte fleisch zu tauchen,
namenlose körper zu mißbrauchen
für den augenblick im nichts. sie spreizt

die schenkel wie die krähe ihren schnabel
aufsperrt, morgens früh im nebel, lautlos
als atmete sie tief aus ihrem schoß

des lebens aasgeruch... allein, du hättest gern
den schimmer deiner lust in ihrem nabel
statt dieser bitterkeit im mandelkern.

4

die feine bitterkeit im mandelkern
ließ auch das lachen demokrits gerinnen
als er das bauchfell aufbrach, wie von sinnen
wühlte im noch dampfenden gedärm.

dem köter klafft derweil das maul zur frage,
ob im geschlinge irgendwo ein loch
darin die dinge unverdaut für tage
als giftige endeme harren... – doch

er sank hin, des suchens und sezierens satt,
gestreckt auff wildes kraut. noch schimmert matt,
was ihm, vom nachtschatten berauscht, verschwommen

fast wie schönheit schien, sublime algebra:
»das loch bin ich, der idiot von abdera,
ein müder engel, auf den hund gekommen.«

5

ein müder engel, auf den hund gekommen
wie auf einen formlosen gedanken.
der faltenwurf des kleids umhüllt den kranken
körper, dem ein schlüsselreiz genommen.

an der hauswand (*wessen haus?*) die waage,
glocke, stundenglas und magisches quadrat.
wem die stunde schlägt ist alles frage,
was der faule zauber zu bedeuten hat.

der engel starrt, den horizont im rücken,
auf das strandgut einer welt in stücken,
angespült vom meer, das weder schäumt noch braust.

wie man werkzeug nutzt, ist lang vergessen.
der engel starrt, vom zirkelschluß besessen,
den kopf gestützt auf die geballte faust.

6

den kopf gestützt auf die geballte faust,
das *ecce homo* halbverdaut am kragen,
im *shoppingcenter* fand man ihn nach tagen,
sein haar wie zum silenenhaupt zerzaust.

man packt, was noch an lebensrest herumsteht,
zu ihm in die aluminiumtruhe.
er zumindest, denkst du, hat jetzt ruhe;
ihn fragt keiner mehr, wie's heute denn so geht.

dann trägst du deine angst in plastiktüten
(*ich bin recyclebar und ich verbrenne
rückstandslos*) nach hause, wo du sie verstaust

zusammen mit den andern alltagsmythen
nach verwertbarkeit sortiert (*ich trenne*),
behütet, doch im dunkel unbehaust.

7

behütet, doch im dunkel unbehaust,
zentralbeheizt, doch inwendig vereisung
– ist das nun hunger oder nervenspeisung
wenn du an deinen fingernägeln kaust?

rund um die uhr die radiokulisse...
sound ist gesellschaft (*wen kümmert's, wer spricht?*)
                            – deine stimme ist es nicht,
die bricht in einem sachlich klaren *wisse*:

du bist im fröstelnden zusammenziehn
doch nur ein mangel an serotonin.
und wenn die alten bilder wiederkommen

fehlt dir dein lachen wie es früher war;
ganz fest umarmt von schwester *pinot noir*
sitzt du am fenster grenzenlos benommen.

8

du siehst am fenster, grenzenlos benommen
vom flaschenglück aus dem burgund, das flirren
zweier falter wie gespenster suchend, irren
flügelschlags dem schatten zu entkommen.

      ...saturnia pyri: ein spinner,
zu bunt um diese zeit, und sein pendant
     acherontia atropos: verinner-
lichte dunkelheit – der ewige kokon.

dem einen zu zerbirst im flug das thermopen,
es lockt der schwere dunst von bilsenkraut
und belladonna rebenhanghinab ins gras.

zum andern übergibst du dich ganz endogen
der bleichen schädelzeichnung auf der rückenhaut,
dem selbstportrait fixiert im doppelglas.

9

das selbstportrait fixiert im doppelglas
wie durch ein umgedrehtes teleskop
gestochen scharf, mein herz, *no dreams no hope*
...erst auf distanz gewinnt man augenmaß.

schau hin, mein herz: da ganz hoch oben hängt er
eingerollt und beinah vierzig jahre alt
ein flughund, *schwer*, im querschlag fehlgelenkter
rezeptoren und transmitter,

hilflos überm abgrund im synapsenspalt
...es ist kalt... vom eigentlichen sein umhüllt
wird ihm die kralle kraftlos, und, als wäre

sein *patagium* eingefroren, stürzt er ab
und fällt und fällt und löst sich auf und füllt
als temperiertes vakuum die leere.

10

ein temperiertes vakuum... –: die leere
wechselt nur den namen wie ein nonakkord
(vermindert) je nach angestammtem ort
funktion und fahle färbung – die chimäre

im bezugssystem aus ton und zeit und raum.
das vorher bestimmt die schichtung, schon das jetzt
(*verdichtung*) flüchtet sich ins ungefähre
was danach sich noch ergäbe, kümmert kaum.

ein schräger durchgang in die partitur gestellt
als wahres nichts ins völlig falsche leben
ein im entstehen schon gestorbner klang

im linearen stimmverlauf der zwang,
sich ums verrecken eine form zu geben:
die archestatik einer sogenannten welt.

11

die archestatik einer sogenannten welt
im strengen arrangement gerahmter bilder:
die dinge leuchten, doch das licht ist milder
wenn totes nur zu totem sich verhält.

links kristall mit patina aus schierlingskruste,
lippendreck: ein becher; rechts op-besteck
in einer schale, die zu anderm zweck
einmal von dunkelroten früchten wußte.

zentral placiert ein schädel (ich vergaß,
was sonst noch in der schwebe blieb), die stellen,
der kranznaht eingebrannte kerben, fast

wie schrift: *what is the quintessence of dust?*
− so zaubersprüche gegen dumpfes schwellen
der reinen, egomanen vanitas.

12

die reine, egomane vanitas
als aura um den silbenknastbewohner.
im hals, beim glotzen auf den bildschirmschoner,
brennt gallensaurer rest vom eigenfraß.

zwei zeilen in nur vierundzwanzig stunden,
der rechner surrt binär im datenglück
und spuckt, was schon geschluckt geglaubt, zurück.
escape, ein finger hat den knopf gefunden

wie man ein letztes *rettet unsre seelen*
in den nur schwach bestirnten himmel funkt,
um sich sodann ganz still davonzustehlen:

von den rändern seiner exosphäre
schrumpft das zeilenpaar auf einen punkt
wie ein stern aus eigner schwere.

13

     ...wie ein stern aus eigner schwere
sich im teilchennebel selbst formiert
und sogleich in einer kräftekehre
wieder an sich selbst verliert,

als ob beim rühren in der kaffeetasse
plötzlich alles am ereignishorizont
hineingeriete in den sog der masse,
wo im zentrum die idee der schwärze wohnt,

kollabiert frühmorgens ein sekundenglück
(aus restlicht, eingekrümmt vor lauter mühe
abzustrahlen aus geträumtem trümmerfeld)

wie ein perfekt geformtes zuckerstück,
das ungerührt in abgekühlter brühe
endlos lang in sich zusammenfällt.

14

endlos lang in sich zusammen fällt,
was man seinerzeit *mit eisern zangen*
aus dem urschleim zerren mußte. *war es* bangen
oder gar *verstand*, der ihn zurückhielt? und was hält

ihn jetzt noch wach? vielleicht die stille pracht
fehlender bedeutung, das benzin vielleicht
der funkenschlag im finstern und vielleicht
das rauchen auch am ausgang dieser nacht.

allein durch neuronale flächenbrände
kurz belichtet war die stadt, ein mensch, ein baum.
nur eine linie noch durchzieht die asche im gelände,

gattungsalt mit immergleicher wende:
ackerfurchen wie ein puls im atemraum... –
schalt ab mein herz du weißt es nimmt kein ende

15

schalt ab mein herz du weißt es nimmt kein ende
...was zerebral sich nähert, hält dich fern.
wirklich *nah sind nur die eignen hände*
und die feine bitterkeit im mandelkern.

ein müder engel, auf den hund gekommen,
den kopf gestützt auf die geballte faust,
behütet, doch im dunkel unbehaust,
siehst du am fenster grenzenlos benommen

das selbstportrait fixiert im doppelglas
als temperiertes vakuum... —: die leere
archestatik einer sogenannten welt

ist die reine, egomane vanitas,
die wie ein stern aus eigner schwere
endlos lang in sich zusammenfällt.

ach anna

seufzerkalendarium

prolog

in meinen lungen anna lungern luchse. ein fauchen wie aus dunklem unterholz. entlang der atemwege lagern sie sich an und mehren sich beim rauchen.

katzen anna ganz besonders wilde wehren sich zuerst nicht mit den tatzen sondern mit der sprache ihres körpers: aufgebäumter rücken und die brust gebläht zum panzer. aufgestellte nakkenhaare rittersporn im unterholz. ganz bewußt ein flacher atem weil alles andre stören würde im verdeckten lauern auf den andren körper.

anna. sowas fällt mir manchmal ein beim rauchen wenn in meinen lungen luchse fauchen.

1

ach anna im januar bin ich ein könig. ein könig im regen mit tropfnassem haar. es braucht so wenig bewegung ein könig zu sein. eigentlich reichte es ohne regung als ein stein die wolkenbrüche durchzustehn und um sich die pegel steigen zu sehn.

mittlerweile anna weiß ich es ist gleich ob ich gehe oder renne im regen – ich werde in jedem fall weich und nass. ach anna ich sag dir was: im januar bin ich der könig der siebenundzwanzig sturzbäche. könig der reißenden rinnsteinströme. könig gefluteter abwassersiele. mein reich liegt jenseits gebrochener deiche. überspülte felder bis zum horizont.

am morgen anna bin ich das nordmeer. ich bin eine wasserpfütze. des abends trockne ich aus von den rändern her.

2

ach anna du bist mein alphabet im schnee. im harschen februar die elsternkrallen auf dem fensterbrett wie krähenfüße irgendwann um deine augen. nester zeichendrängen anna ein gestricheltes gebet vielleicht am morgen. rabensuren dohlenpsalmen. vogelflehen eid gesang. gedicht nachts überfroren. anna ach kennst du noch anderes wintergefieder?

amsel und ammer den buchfink die meise gartenbaumläufer und heckenbraunelle das rotkelchen anna den sperling als spatz selten auch zaunkönig oder den zeisig? nichts hält sie fern von meinem fensterbrett in diesem jahr. im öden eisigen februar.

ach anna weißt du sie singen auch im frost mit der syrinx im kehlkopf. und mit krallen schreiben sie schamanensprüche in den schnee ähnlich wie ANNA DU BIST MEIN ALPHABET aus majuskeln quer zum wind wie vogelflügel: ich muß dich täglich buchstabieren.

3

ach anna was sind das für leute? gut fünf jahre jünger als ich im gesicht aber zehn jahre älter. alle so zombiegesund und beweglich. bis an die zähne bewaffnet mit jacketkronen. die sind natürlich ta-del-los. das ist die neue innerlichkeit: ein status den man am grinsen erkennnt. von vorne wie hinten auf leistung frisiert dabei stets entspannt ganz souverän im hier und jetzt und heute. auch wenn der arsch schon länger brennt.

du aber anna bist unverwechselbar halb im bild mit blume. bist geleit mir übers jahr bis auf den grund der dinge. ach anna die dinge liegen nicht günstig. sie liegen für uns meistens reichlich verquer haben so schartige ecken und kanten und kommen in scheußlichen farben daher. du sagst es anna: und ob es mir gleich ist wie diese dinge nun liegen. egal ob von vorn oder hinten mit dir will ich mich gründlich verbiegen.

4

ach anna warum so grausam im april? deine augen brüten flieder. giftig aus fast schwarzen knospen während deine zunge kinderlieder flüstert. ich will nicht wissen wer du wirklich bist. keine namen. erzähl mir meinetwegen noch geschichten die ich fassen kann. verstehen. zum beispiel von zwei larven auf dem boden die sich krümmen. anna. aber bitte keine namen. nenn mir orte wenn es sein muß. aber namen solltest du vermeiden. denn auch die sind grausam weil sie so konkret bezeichnen wie exakte daten von geburt und tod.

wenn du mich ansiehst anna wie man insekten ansieht bevor man sie entweder zertritt oder ignoriert erkenne ich angst selbst noch in einer handvoll staub. ich gehe dann biertrinken und selbstgespräche führen für ein stündchen oder zwei. später verlese ich den rest der nacht und plane mein künftiges überwintern im süden.

5

ach anna womit soll ich dich vergleichen? vielleicht mit einem sommertag? – es ist zu früh für solche parallelen. vermutlich werden noch so manche stunden nachts wie tags recht kühl verstreichen.

siehst du die namen auf den stelen? man fügt ihnen gerne auch zahlen hinzu in einer zweiten zeile. das sind die koordinaten zwischen denen sich etwas ereignet. deine schönheit zum beispiel oder das plötzliche erblassen deiner haut.

solange wir atmen anna sind diese zeilen kaum von interesse. danach sind sie alles was bleibt.

6

ach anna ein sommer wie ausgedacht in schwachen momenten. der himmel so blau wie likör. im parkweiher schwimmen traurige enten und jedermann wird zum voyeur.

flugzeuge hängen an seidenen fäden und senken sich sacht in die makellosen dekolletés jüngerer mädchen hinab. schweiß glitzert wie feiner schmuck an fesseln und unterschenkeln.

der kondenswasserstreifen dort oben anna ist ein weißer reißverschluß um mit einer bewegung von west nach ost den himmel beinahe ganz zu öffen.

ja anna aufreißen will ich dich manchmal vom schritt bis unters kinn weil ich zum bersten voll mit endorphinen bin.

7

ich will dir leuchtend rote kleider kaufen anna luftigleichte julikleider. ach wie wunderbar es wäre deine schwerelose körpersilhouette jetzt im weißen gegenlicht zu sehen (wenn denn eben nicht der stoff an sich an strahlkraft alles überträfe).

anna. ach wenn ich schon nicht sehen könnte würde ich zumindest hören wollen wie es zischt wenn du die kleider überstreifst wie es knistert wenn es brennt beim ausziehn wie es flüstert aus dem losen faltenwurf. ein vorhang. die verhüllung nur gezeichnet. so sollte dieser stoff beschaffen sein: als ein versprechen als ein rein gedachtes kleid. ein reales könnte ich mir gar nicht leisten.

der alltag hat mein geld gefressen anna. mit gedichten lässt sich hier auf den basaren gar nichts tauschen. nur das rauschen nachts in deinen haaren ist vielleicht ein wenig nahrung. es ist ganz einfach ein geräusch zu essen. man muß nur an den nährwert glauben. mehr braucht es nicht sich nächtelang den schlaf zu rauben: ein geräusch und ein paar sehr geschickte hände.

ach anna ich umgreife deine hüften nonchalant wie taschendiebe ihre opfer streifen: zart und ganz der anderen bewegung hingegeben. bodennah doch in den lüften schwalbentanz. anna ein hoch auf die liebe und die erfindung der credit-card.

8

hundstage anna besonders die nächte sind heiß wie frisch gebackenes brot. hefe im hirn und die hände liegen so leicht wie möglich auf dem laken. bedeckung schwere wäre unerträglich. ein sternbild kläfft oben am tor zur hölle. ich starre ins dunkel. es starrt zurück.

du sitzt auf meiner brust und schwitzt mir deine lust entgegen. ich kann dich nicht berühren anna. meine hände gehören nicht mir. sie gehören der schlaflosigkeit und dieser besitz ergreifenden hitze in haltloser zeit. deine fingernägel aber sind deutlich wie stacheldraht und deine zunge rasiert meine beine.

ach anna wir haben noch keine geschichte. nur das telephon zeugt vom vergehen der zeit in geschlossenen räumen. manchmal in träumen erscheint dein gesicht mir wie flügelstaub verunglückter tauben auf fensterglas. und wenn wir uns wiedersehn anna (egal was du sonst verlangst) sollten wir erstmal im türrahmen vögeln schon wegen der schwellenangst.

9

ach anna kein tag vergeht ohne dich. hier am fluß ist ein tag noch mehr als die summe seiner stunden. von nun an ist immer september. du wohnst auf der anderen seite hinter dem schilfrohr stündlich von streunenden hunden in aufruhr versetzt. ich hause jetzt diesseits im souterrain in meiner unterwelt mit aussicht auf den fluß wie er daliegt hingestreckt zwischen dir und mir steigend und fallend im takt der tide. ein brustkorb wie er sich hebt und senkt beim atmen in der nähe größerer gewässer. täglich.

im ufergras kleben gebrauchte kondome wie natternhäute im schlaf. irgendwas biß dir damals ins knie oder die ferse. rief dich hinüber ans andere ufer während ich schlief wie ich immer schlafe: eingerollt und komatös. verstanden habe ich nichts. aber begriffen daß alles mit flüssigkeiten zu tun hat die sich nicht greifen lassen. selbst wörter erreichen mich seither als flaschenpost.

wo es noch hochspannungsdrähte gibt anna werden im schatten des mondlichts kellertüren zu harfen. die saiten zittern leicht im wind und beginnen zu summen unmittelbar vor stärkeren bewegungen der atmosphäre. die hunde verstummen vor der flut. ich werde die stufen hinaufgehen zum ufer. mir fehlen die gründe mich umzudrehn. es streicht ein starkstrom über meine haut. ach anna ich hab mir ein floß aus zwölf flaschen gebaut. das bringt mich hinüber zu dir.

10

wenn ich aufblicke anna sind die schlieren im auge seltsame früchte an zweigen aus draht. jeder einzelne ast eine naht zwischen den flächen die kaum mehr bedeuten als eine durchlässigkeit für verschiedene verhältnisse von licht und schatten zu wechselnden tageszeiten.

ach anna manchmal wäre ich gern ein baum. ich hätte außer im herbst ein paar blätter nicht viel zu verlieren.

11

ach anna im november wird es zeit für die größeren versprechen. draußen sieht man nicht mehr weit und drinnen mehren sich gebrechen wie der kopf und knieschmerz schlechte laune schwaches herz und atemnot. schon geht es los mit dem geraune vom sein vom werden. nie und nimmer. anna es wird jedes jahr schlimmer. das große gerede bringt mich noch um. lieber bleibe ich stumm. und wenn ich doch einmal sprechen sollte dann allenfalls im präteritum: ich war so frei in der stadt zu leben. unerkannt aß ich mich satt an welkem basilikum. tanzte sonntags im nebel mit knochen aus glas und lief asphaltierte geraden ab.

ich schlief nur wenn es nötig war. niemals aus müdigkeit nur auf der flucht. manchmal erlag ich der sucht nach frisch gebackenem brot und einem gänzlich anderen leben. aber eigentlich anna bin ich schon tot. vergiß mich. entlaste dein gedächtnis.

12

der dezember war lang. doch es gibt gründe anzunehmen das kommende jahr würde besser als das vergangene jemals war.

überall schaufeln sie erde beiseite. brechen den boden auf. schleppen schotter von rechts nach links und wieder zurück. schweres gerät macht schweren radau. die ganze stadt eine baustelle anna vielleicht aus prinzip. aber wie soll ich noch arbeiten bei diesem lärm?

ach anna. da wo man steht muß man graben. komm. fangen wir dort wieder an wo wir seinerzeit aufgehört haben.

epilog

ach anna ich habe den mond gesehn er war ein flutlicht oben am baukran. ich kam eine weile darunter zu stehn und merkte daß andere ebenso aufsahn wie ich zu dem mond. der schien hell und hing so ungeheuer oben.

irgend jemand hat das ding dann verschoben.

feuerzeug

gradiva

woher die große sicherheit des schreitens
über asche dieser hohe blick bei doch gesenktem
haupt? das wissen die vollendete zu sein
von dreien ihren früheren erscheinungen verschwistert
wie skizzen angedeuteten entwürfen jener einen
haltung in ruinen: selbstgewissheit der bewegung
als schritte sie auf die umrahmung zu

sie hat getanzt zuvor am kraterrand hochoben
und die sandalen stehenlassen für den gang hinab
zum standbild dieser stadt (im faltenwurf verrät
die feuchte schwere des gewandes einen rest
von schweiß) im staub ihr atem ist die stille
zwischen eingebrochenen gebäuden scheint sie
im vorübergehn zu schattenrissen an verbliebnen
mauern noch zu sprechen kurz und lächelnd so
als hielte sie ein negativ ins gegenlicht sich selbst
darin erkennend wie sie war vor dieser flut
aus flüssigem gestein: die schwerelosigkeit
des aufgestellten fußes im noch nicht durchschrittenen
moment des hinterlassens

so strahlt in der bewegung sie perfekt
verwaist als ein partialobjekt im raster
der gepflasterten agoren vor den schritten
fliehen in den fugen einzig kleine echsen
durch die tote stadt dem tempel zu: reptilien
im staubkleid panisch auf der suche
nach dem so raren schatten am mittag

auf tritt nero

zurück aus antium wo er gewartet hatte
bis das schauspiel seiner würdig die hitze
am rand seiner privaten bühne spürbar schweiß
in silbrigen tropfen auf der stirn die angst
jetzt zu versagen der erhabenheit nicht mehr
gewachsen zu sein auf seiner bühne allein
hoch über den köpfen der lustknaben vasallen
weiber dürftiges auditorium dürftiges singen
aber muß er doch im anhauch des augenblicks
ausschicken die LANGZEILEN VOM UNTERGANG
TROJAS über das flammenmeer mit brüchiger
stimme sich selbst zu binden an die geschichte
zu sagen ICH BIN ANGEKOMMEN zu singen
vom beschwerlichen aufstieg über die leiber
der mutter der gattin der schwester in dieser
immer dünneren luft hoch über der stadt
ES BRAUCHT KEINE FACKELN die szene
zu beleuchten die stirn schimmert vom schein
der brennenden tempel und paläste aber der lärm
vor den toren geschrei und dieser entsetzliche
gestank von fleisch WARUM BEKLAGT IHR EUCH
ES GING EUCH DOCH NIE BESSER es war nie mehr
zerstreuung nahrung frieden überall der tod
ein fremder narr im circus kaum noch zu sehen
aus der enge der oberen ränge die lachen
im sand wie starre schatten nach den spielen
geräumt für ein neues reines vergnügen
WEISS NERO als er DAS GEGENWÄRTIGE UNHEIL
auf seiner privaten bühne MIT DEN KATASTROPHEN
DES ALTERTUMS VERGLEICHT WIE TACITUS NOTIERT
was weiß der schon von kunst DENKT NERO
halb im schlummer des nachts zum siebten tag
da das gezeter und gewimmer still verdämmert
ENDLICH RUHE das war ein streich
                                        holz ist kein material
für die eine ewigkeit künftig nur noch bauten
ohne balken blanker stein den peperin aus gabii
vulkantuff oder fels aus den albanerbergen hart

wie die ärsche der praetorianer auf keinen fall
noch einmal babylonisch in die höhe bauen keine
gassen mehr und winkel wo sich noch vor wochen
unerkannt im dunkel ganz bequem ein strammer
stricher pfählen ließ das ist vorbei die stadt
ist geschichte WELTGESCHICHTE IST STADTGESCHICHTE
SCHREIBT SPENGLER der auch nichts weiß von nun an
meerblick unverstellte sicht bis antium viel grün
und parkanlagen nur noch in die fläche denken
bis zum gekrümmten horizont nach all dem feuer
dieser ungeheure raumgewinn

die kunst der fuge

> *Über dieser Fuge, wo der Nahme*
> *B.A.C.H. im Contrasubject angebracht*
> *worden, ist der Verfasser gestorben.*
> Carl Philipp Emanuel im Autograph
> zu BWV 1080

mehr kerzen magdalena ich muß schreiben
solange ich noch sehen kann und die bouteille
mit branntwein gegen das geplärr der bälger
magdalena du bist jung und ich ein grauer
star den keine sau mehr singen hören will
aber das hier muß noch fertig werden anna
magdalena deinen namen liebe ich
fast mehr als deinen atem bring das zeug zu mir
ins nebenzimmer anna hätte ich ein
N auf meinem manual ich spiegelte dich
wie ein thema in perfekter symmetrie
die ordnung anna weißt du dieser große plan
worin sich alles fügt und trotzdem klingt ich
brauche jetzt die kerzen und den schnaps ich habe
messer in den augen magdalena du
weißt nichts von den schmerzen wenn ich schreibe aber
glaub mir jede note sticht mir bis ins hirn
die netzhaut anna ist poliert wie ein quadrat
aus kupfer daß der tod mit kalter nadel
morgen seine sarabande darauf tanzen
kann dein name magdalena gibt nichts her
für einen contrapunctus also setze ich
mich selbst den linien entgegen als ein
B wie deine brüste anna und ein hoch
auf deinen A... auf deine anmut wie ein C
centriert in einer fingerübung ohne thema
Hautnah daumen neben daumen tief im graB
ach magdalena alles flüchtet doch davor
und strebt doch darauf hin so eng zu liegen
in der dunkelheit das licht hat keine farbe
noch helligkeit noch wärme anna wenn nicht
die verdichtung der materie dafür sorgt daß
mehr kerzen magdalena ich muß weiter

schreiben fertig werden anna noch nicht schlafen
jetzt noch nicht mich friert und die bouteille ist leer
das muß doch noch gespiegelt werden umgekehrt
wie sähe das denn aus wenn dieses fließen
plötzlich abbricht

jimi plays monterey

jimi linkerhand *mr. speed king* der mann
mit den tausend löchern im arm sein blut ist tau
von den göttern JA ICH WEISS WOHER ICH STAMME
er trägt ein mal auf der stirn den zehrenden kuß
von *sister morphine* sie geht durch die wolken
und er folgt ihr hinauf in höhere schichten
die dünnere luft auf der bühne die mühe
– arbeit des atmens wie in der nähe
größerer brände *let me stand next to your
fieber* seit wochen ein verschleppter infekt
in den mürben knochen diese müdigkeit
noch keine dreißig kaum nennenswerte nahrung
seit tagen UNGESÄTTIGT GLEICH DER FLAMME
sein gesicht bis zur kenntlichkeit deformiert
vom inneren drängen der alkaloide
kein thema er schüttelt routine aus dem ärmel
aus dem zitronengelben rüschenhemd
paar pittoreske posen für die kamera
als *voodoo chile* schamanenrituale
bißchen brandopfer gefällig (*slight return*)
der brennstoff ist feuerzeugbenzin ein zippo
die initialzündung *made in the u.s. of a.*
i too sing für nichts GLÜHE UND VERZEHR ICH MICH
nach ruhe und ein wenig hinterlassenschaft
bei all den gestalten dort unten im rausch
ihrer großen kollektiven verlassenheit —
you've gotta make them dream von anderen welten
verzauberten steinen engeln die treppe hinab
steigend dem scheitern entgegen den ebenen
und rasenden najaden kapiert ihr das nicht
die gitarre bin ich *watch me burn* orpheus
enlighted die brennende leier selbstentzündung
mit der linken hand LICHT WIRD ALLES WAS ICH FASSE
sechs saiten kopfüber noch immer unter strom
das feedback eine kettenreaktion es ist krieg
ein hochplateau in flammen rauchsäulen
bis in die stratosphäre über den köpfen
der leute im auditorium geschützgarben

flugzeuge fallen vom himmel die erde
bricht auf flüsse treten über die ufer und er
wirft die leier in die fluten lauscht dem rauschen
durchgebrannter röhren aus verstärkertürmen
hinter seinem rücken KOHLE ALLES WAS ICH LASSE
und geht schlafen zwei jahre später jenseits
des atlantiks übernachtet bei freunden in hotels
zwischen rotterdam und london spielt noch
mit kindern auf dem teppich in der diele
ein netter junger mann mit schlafproblemen
— zwei vesperax normale dosis genug
für ein pferd *ride on* doch diesmal neun er braucht
den schlaf was jetzt noch brennt ist magensäure
die schäumt bis in den rachenraum und frißt
wie feuer sauerstoff aus allen atemwegen:
FLAMME BIN ICH SICHERLICH

meistens dann wenn nichts geschieht

dreizehn vergebliche versuche

1

ein stück papier darauf ein wort. es fällt und gibt sich
eine neue wendung: von hier bis dort die spanne
im auslaut einer silbenendung. fallen und sich
um die eigne achse drehen. flattern und im wind
verwehen am uferrand im wasser untergehn
als fallbeispiel unbesehn. ein zwischenraum der nichts
verspricht und alles hält im gleichgewicht von dreizehn
gramm papier vielleicht und ebensoviel bedeutung
als schrift gestellt die eigene verleugnung. ich bin
es wenn es nicht geschieht ich weiß darum wenn jeder
anlaß fehlt. ich kenne seine folgen bin immer
wieder ganz (wenn es das gibt. jetzt in dieser echtzeit
meiner abwesenheit) beseelt von der vermeidung

2

hingabe: schein. mit der einen. besitzergreifend
mit der anderen hand. *my private equity*. aus
gleich nullsummenspiel erlösungshandel ablaß. *got
it*. jetzt eine bestimmte zugehörigkeit zu
den mir zugesprochenen dingen. ein reichliches
maß an zuspruch eigentum besitz. stand der dinge
im stand des schuldlosen daseins. jetzt für den moment
die reinheit des bestimmten handelns. dann aber doch
restbestand. überhang für den folgenden zustand
den folgenden tag aus fehlzeiten und leerstellen
erfüllungsbedarf. ein gründliches verlangen nach
auslöschung mitsamt all diesen noch unberechen
baren befindlichkeiten. ich kann das nicht wechseln

3

so soll es sein: ein schnurgerader aufstieg und dann
nach oben hin zum ende unvorhersehbares
kräuseln überschlagen tanzen sich verwickeln in
die nicht mehr kontrollierbare dynamik dieses
eigenen antriebs. ich halte die zigarette
ruhig im mikadospiel mit nur einem stäbchen
das zittern meiner hand hat sich jetzt ganz verflüchtigt
wie der rauch nach oben hin zur zimmerdecke. wo
sitzt ein mathematiker der jetzt berechnet wie
die wolkenbildung spurenzeichnung sich entwickelt
aller voraussicht nach. eine art zu atmen. ich
nehme alles zurück. geb es auf und verbleibe
mit beruhigter hand weitgehend unbeteiligt

4

ein würfelwurf entscheidet über den weiteren
verlauf des tages. alles könnte auch anders sein
ist aber genau so und nicht anders als alle
anderen tage zuvor: über schweren schiefer
glatt gespannter grüner filz. darüber die sonne
aus glühdrähten abgeschirmt nach oben von einem
umgedrehten messingtrog. jenseits des lichtkegels
bleibt dieser tag im dunkeln die schatten sind schneller
als jede bewegung. vergeblich die flucht. gegen
die uhr frißt jede regung an der substanz. am rand
sieht ein tier dich mit ungefähr acht augen an. faucht
:GOTT betreibt eine spielhölle im hinterzimmer
und EINSTEIN war nur ein total verwirrter geiger

5

die bank im grünen kennen wir. ein pärchen hügel
an gehoben. was untenrum passiert ist meistens
fließend. elbe oder krumme lanke. jedenfalls
they sat together in the park und vorzugsweise
wird es abend um und *uff de banke.* man fühlt sich
ein befingert sich und weiß sich grade königlich
entrückt dem flußgestanke. riecht verzückt sich derweil
selbst schwitzend und so schwankend hormonell besessen
vom seit an seite über wie auch unternander
sitzen reiben liegen hängen lecken weg und zu
und ineinander drängen auf dem öffentlichen
bretterwinkel. *sky got dark* dann etwas schmerzliches
im rücken. *blame it on that simple* hinfälligkeit

6

frag mich danach. ich antworte dir mit den augen
blicken allenfalls momenten. flüchtig *en passant*
ein kurzes nicken erkennen einvernehmen still
schweigendes benennen. wissen daß der name die
bezeichnung wahrhaftig ist. nur für diesen zeitraum
haftet wenigstens ein zeitweiliges befinden
sowohl im innen wie im außen an den dingen
wie auch an den menschen endlich. vorerst kein zweifel
daß hier zusammen geht was schon am nächsten tag sich
nie einander zugehörig fühlte. aus versehn
ins schwarz getroffen. reden würde ich von diesen
dingen wenn du mich fragst. willst du anderes hören
nimm doch den nächsten. ich wünsche gutes gelingen

7

meistens dann wenn nichts geschieht der zeiger kreise zieht
ohne zu bedeuten. unter leuten selten. zu
viele interferenzen wenn mehr als nur eine
verzweiflung im raum nach zerstreuung sucht. die über
lagerung von herzfrequenzen. handlungszwänge sehn
sucht (vielköpfig) nach einer strenge zielgenauer
verhaltensauffälligkeiten. dann ein drängen dem
ausgang zu hinterlassen das lange schon vorher
betretene gerede agieren. aufgeben
rücklings geerdet die augen geschlossen mit dem
zeigefinger kreise von innen auf die lider
zeichnen. wo ich bin da war ich schon. *you name it. you
call it* schlafen immer dann wenn nichts geschieht meistens

8

mir in die gene gegeben daß ich im sommer
schnell bräune viel trinken kann ohne rot zu werden
daß ich meinen vierzigsten feiern kann bei vollem
bewußtsein daß mir die haare ausgehn in einer
zu vernachlässigenden anzahl daß ich dünn bin
doch einen hang zum bauchansatz habe daß meine
zähne bemerkenswert widerständig sind gegen
interventionen von dentisten daß mir sitzen
und warten näher liegen als jede bewegung
daß mir ein heft zum schreiben in die hand zu nehmen
leichter als zum handeln fällt daß mir ein größeres
gewässer mehr gibt als jeder schritt im gebirge
vielleicht aber bin ich so frei das hinzunehmen

9

16 zu 9 und dolby-surround. kühlschrank mit eis
würfelspender. x-box in sacknähe joystick sieht
auch so aus. die wohnung verkabelt. empfänger und
sender egal hauptsache am schirm bewegt sich was
white trash is my trash. i'm proud to be part of a rand
gruppe. einer ziemlich großen zumal SIE FRESSEN
MICH WENN SIE MICH FRESSEN LASSEN ich weiß das genau
muttern hat fett und kohlenhydrate zusammen
gerührt. kinder fallen beim spülen ab. wir wollen
weiter das fressen und fressen lassen für neue
flatscreens und klingeltöne auf daß uns das schöne
nicht entgehe vor dem abend: *dumm sein und arbeit
haben* und noch bißchen freizeit sonst lebt sich das nicht

10

auf dem beifahrersitz. die lachfalten gen süden
weiß sie noch nichts von einschlägigen vorkommnissen
auf autobahnen. hört im radio die folge
zwei drei vier fünf sechs sei bisher nur ein einziges
mal im jahre neunundneunzig gezogen worden
knapp vierzigtausend lagen richtig. damals gab es
für den fünfer keine vierhundert mark. stochastik
eine frage der normalverteilung vergleichbar
mit den trefferquoten auf mehrspurigen straßen
der motorblock sprang aus der gegenfahrbahn richtung
norden und traf die windschutzscheibe richtung süden
wahrscheinlich lachte sie noch auf dem beifahrersitz
über die leute. zum schluß wars ein kreuz mit dem kreuz

11

aus dehydrierten krümeln dieser schmale streifen
after dinner ist die zeit reif für verbindliche
botschaften auf papier: *an emptiness is going
to be filled up.* doch womit nur und wenn ja welche
von den vielen leerstellen. ich möchte begreifen
was hier fehlt. *if you do not teach me i shall not learn*
ja ich nehme gern. noch einen café. das essen
war gut. ich bin satt zwischen zen und sesamstraße
lese ich sätze vom tischtuch. die interpunktion
ist eine folge der nahrungsaufnahme. du weißt
daß menschen am tisch mitunter schauriges geschieht
von liebe ernährt. *unless they love you.* und noch mehr
kekse. die zukunft ist ein sehr trauriges monster

12

befremdliche stille. plötzlich ist jedes geräusch
zeichen meiner anwesenheit im raum die schritte
auf den dielen. ein zettel mit notizen fällt vom
tisch und hinterläßt ein rauschen wie von raubvogel
schwingen zwischen tischkante und fußboden steht es
sekundenlang. flattert aus. zittrig gespannt bis in
die flügelspitzen dreht schließlich still ab. ich bleibe
zurück auf knarrenden dielen. hebe den zettel
auf. höre mich kurzfristig schreien im krallengriff
angehoben in eine beinahe weiße luft
schicht zwischen höhenflug und hölzerner erdung. gib
mir ein ohr für meinen atem in der noch immer
so plötzlichen stille. ich finde mich befremdlich

13

o sweet oblivion. so gründlich ausgespült der
morgen ist leicht wie ein erlegtes tier. die nahrung
wirkt noch nach vom abend sonst aber aller schwere
entledigt. nichts wissen nichts erinnern so bin ich
der vollkommene idiot. ein engel ohne
botschaft der einbruch des anderen in einen noch
unangetasteten tag. das reh auf der lichtung
vor der verdichtung zu einer szene aus zweien
wenn der erste gedanke an ziel und richtung sich
einschaltet pflichtbewußt alles woher und wohin
gründlich verwaltet mit zugriff auf jeden speicher
nichts geht verloren und bringt eine möglichkeit zu
fall. ergebnisoffen. *o graceful degradation*

im affekt

SIE ABER NAMENLOS und frisch geduscht
kam zu mir ans offene fenster mitten
in einem satz von spinoza beinahe ein schweben
am frühen nachmittag ein windhauch der körper
naß unter dem flüchtigen faltenwurf
meines alten trenchcoats eine geste
die bestimmtheit mit der sie meine hände
lenkte zwischen ihre haut und den stoff
weil sie es wollte hier und jetzt im stehen
                andererseits
dieses photo von deleuze im offenen mantel
gelehnt an den rahmen seiner endlosen
spiegelkopie vielleicht heute die einzige
art sich aufrecht zu vermehren

> *cupiditas est ipsa hominis essentia, quatenus ex data quacunque ejus affectione determinata concipitur ad aliquid agendum.*
> Spinoza, Ethica, III, 1

nur ein geräusch: das blättern in einem buch
    vielleicht das leise kratzen entlang der wand
        die lautspur deiner fingernägel –
            rauhfaser-soundscape verteilungsfläche

für innenraumimpulse auf stillem weiß
    von einzelheiten auf diesem untergrund
        aus zufall und aus widrigkeiten
            hebungen senkungen nur das knistern

der letzten rille leerlauf ein in vinyl
    gestanztes nichts die pause im steten puls
        als reaktion im feld elektro
            statischer ladungen durch die reibung

der nylons aneinander die zweite haut
    um deine blassen schenkel (mit stahl rasiert
        und stark verengten poren gegen
            äußere einflüsse) deine haare

die in der feuchte kleben am wannenrand
    wie dreck ein paar arabische verse schwarz
        auf weiß die reste konsistenzen
            dennoch formierter gegebenheiten

selbst in der leere das drängen der substanz
    zu neuverfügten körpern im lichtreflex
        ein spiel von ruhe und bewegung
            langsamkeit schnelligkeit das verlangen

dir in den schritt zu greifen zu fassen was
    sich schwarz auf weiß nicht fassen begreifen läßt
        nach einer vagen theorie im
            vakuum wirklich kein mangel: werden

> *laetitia est hominis transitio a minore ad majorem perfectionem.*
>
> Spinoza, Ethica, III, 2

man fängt nie an macht niemals reinen tisch
man schleicht sich ein besetzt die zwischenräume
wird vom gemisch ein teil und streicht zugleich
vereinzelt um die säume fremder formen
und greift nach fäden wie nach einem seil
hängt pendelnd über den enormen schluchten
gesuchten schrunden schäden rund ums ich

jedoch statt absturz wurzeln in der luft
und dann nach einer weile in den spalten
der geschmack von tau geruch von haut
und die gewißheit daß die seile halten
die spannungskräfte sind gesetz im netz
der sinne vielverzweigt wie eine spinne
noch nicht ganz satt und ohne zeitgefühl

> *tristitia est hominis transitio a majore ad minorem perfectionem.*
>
> Spinoza, Ethica, III, 3

es hört nie auf es regnet stetig blei
in abgerissnen fäden wie ein morse
alphabet + *wie stehts was geht zu spät*
das einerlei aus kurz und lang von oben
herab als ein gelangweiltes gebet
der götter an den menschen ach er möge
doch endlich ++ sich erübrigen

der mensch indes hat andre sorgen +
morgen ist +++ + schon wieder tag
der körper streikt die nerven liegen blank
verzagt und stumm versinkt ++ +++
das hirn ist krank auch ohne infektion
vergiftet + + + + + nur schlafen
+ + + warten daß die zeit vergeht

amor est laetitia, concomitante
idea causae externae.
Spinoza, Ethica, III, 6

pfeilgerade verwundet aus der hecke
heraus blattschuß streckschuß aus dem laubversteck
gerascheltes bogenresultat: impuls

entspannungsübung am beweglichen ziel
die spitze blank ins rippenfell getrieben
sorgsam geschmiedetes erzstück durchdringend

das ist später der schatten auf dem röntgen
bild scharfkantiger wandschatten geworfen
woher das licht wo jetzt die projizierte

gestalt im nacken im rücken nicht im blick
in sicht nicht *en face* im herz vielleicht doch nicht
aber so deutlich konturiert an der wand

augenscheinlich erkennbare formgebung
linksseitig zugekniffen zyklopensicht
nochmals blinzeln dabei schon lang getroffen

vom abglanz vom feuerflackern im höhlen
rund wärmeteilchen hitzewellen im feld
versuch in ketten die glieder zu regen

gefühlter temperaturanstieg geahnt:
ein bild im hinterkopf derart gefesselt
das bedürfnis sich jetzt endlich umzudrehn

odium est tristitia, concomitante
idea causae externae.
Spinoza, Ethica, III, 7

aufs bett gespannt und das gesicht zerfressen
von zeit das ist kein zorn mehr das ist lähmung
der körper sehnig wie aus draht die arme

dünn wie zeiger auf dem weißen ziffernblatt
um circa zehn nach zehn die wunden beine
stümpfe und der rumpf ein stück aus morschem holz

liegt still der raum ist schwarz und voller tiere
mit feuchtem fell und zähnen wie von eisenquarz
sie wittern aus geschwüren harz und wollen

dir ans augenlicht (streichen sacht durchs dunkle)
– sag nicht so bärmlich mild dir gute nacht
du weißt die filme taugen nicht doch wölfe

sah man vor dem feuer fliehn und vor dem lärm
warum nicht schrein warum denn jetzt kein letztes
lernen dir scheite aus der stirn zu reißen

noch einmal wirklich funken schlagen ehe
sie dein hirn zerbeißen nimm dich zusammen
lehn dich auf und seis auch nur im muskelkrampf

noch einmal um die iris grünes gleißen
ein starren nur und dann jäh ein blackout
um nicht besänftigt in die nacht zu gehn

nach einem motiv von Dylan Thomas

im salz

im sechzehnten jahrhundert fanden bergleute im salzburgischen tief im fels einen toten mann. einen offenbar schon sehr lange sehr toten mann, dessen körper jedoch gänzlich unversehrt schien. haare, bart wie auch die kleidung waren erhalten, nur sein fleisch war hart und gelb. er hatte im salz gelegen und war dadurch vollständig konserviert. geselcht, gepökelt. erst nachdem die bergleute ihn geborgen und als kuriosen fund im dorf aufgebahrt hatten, begann er zu faulen und mußte bestattet werden. ich bin mir sicher, er wäre lieber unentdeckt geblieben.

keine bilder
bloß keine bilder. weiße wände
sonst nichts. ich habe kopfschmerzen
bilder sind anstrengend für die augen
und schmerzen im kopf. sie starren
zurück. sie sehen mich an. immer
werde ich angesehen. schon unmittelbar
nach der geburt ein einziges starren
es nimmt kein ende. ich will nicht mehr
wahrgenommen werden. diese entsetzliche
aufmerksamkeit. als hätte ich
sensationen zu bieten. menschen
sind anstrengend für die augen
und schmerzen im kopf. genau wie bilder
vermutlich ist kein großer unterschied
zwischen menschen und bildern. beide
werden schlimmer wenn sie sich
bewegen. besonders in farbe

weiße wände. schmutziges weiß eher
ein grau gelblich bei tageslicht. nachts
aber ein leuchtendes weiß im kunstlicht
trotz hartnäckigen rauchens. ein weiß
wie ein rauschen oder ein sehr altes
lied. oxydiertes blattgold im schwarzlicht
geronnenes blut. man kann es schmecken
an den vorderen rändern der zunge

körnige wahrnehmung. die dinge
wie auf grobem papier
belichtet. sandpapier
geschmirgelter blick. klarsicht. das heißt
nicht unbedingt scharfsicht
aber bedingungslose sicht
auf die dinge bis sie verschwinden
und nichts weiter zu tun bleibt
als einzuschlafen und wieder
aufzuwachen. morgens
mit verkrusteten augen

ein bett ein tisch ein stuhl ein radio
vielleicht eine zeitung. das ist schon mehr
als genug. kaum bücher und bitte
keine besuche. niemand
sollte an meine tür klopfen mich
ansprechen mein sichtfeld kreuzen. ich ertrage
das persönliche nicht mehr. schon angedeutetes
kopfnicken das beiläufige zucken
im handgelenk ist mir zuwider. zuviel
verbindlichkeit verbrüderung an und ab
erkennung. ich lege minen vor den eingang
und ins fenster ein maschinengewehr
wie andere küchenkräuter
oder geranien

still soll es sein. erhabene
ruhe. nur mein atem. meine schritte. meine
stimme. das kratzen des bleistifts. gelegentlich
wie ein mit bedacht gesetzter
punkt. das geräusch
einer behutsam abgestellten kaffeetasse
auf der vernarbten tischplatte
zuhören
dem vergehen von zeit. mit allem
gleichmut eines tropfenden wasserhahns

vielleicht vögel. tagsüber
möwen und tauben. mauersegler
in der dämmerung. wahnwitziges taumeln
sturzflug der felswand zu. im letzten
moment abdrehen. aufsteigen
kreischende freude. verortung. dreifacher
überschlag. dann wieder dem felsen
entgegen. bis es dunkel wird

stille wieder. dann wieder stille
nur manchmal nachts drehe ich
schlaflos am radio. im nächsten leben
werde ich geräuschearchivar
ich habe noch zeit

ich habe keine zeit mehr
ich muß weitermachen. mein projekt
duldet keine neuerliche störung. mein projekt
ist der satzbau. klare strukturen. subjekt prädikat
bestenfalls fehlendes objekt. kristalline
überschaubarkeit. frei schwebend
in gelöstem zustand. der raum und ich
ich gehe. ich stehe. ich sitze. ich liege. ich bin
nicht beteiligt an der willkürlichen komplexität
außerhalb meiner selbst

jedes objekt ist eine zumutung. ich bin
noch lange nicht am ende. eher am anfang
noch immer am anfang oder wieder
am anfang. weil es keinen anfänglichen
anfang gibt. nichts aus dem nichts heraus
begonnenes. ich simuliere den wirklichen
anfang mit einzelnen buchstaben. in die wand
geritzt als vorstufe einzelner wörter als vorstufe
zusammengesetzter begriffe als vorstufe
des satzbaus. malerei noch eher denn schrift
aber gewissenhaft ohne objekte. nur zeichen
und grund unter grund. untergrund
für zeichen für das eindrückliche. den eindruck
in den grund. den umgrund auch. das material
aus dem ein zeichen nimmt statt gibt. weil es
den eigenen grund mit dem einritzen nimmt
was aus den linien rieselt beim schreiben
ist das vergessen. des materials. satzbau
als abbau unter tage

ich habe das denken abgeschafft. keine
zusammenhänge mehr. ich nehme
zur kenntnis. das ermöglicht
die schrift und erleichtert
das vergessen

keine bäume wiesen oder sträucher. nur karst
wasser und sand. das hob sich ab
vor zeiten schob sich auf. knirschte krachte

überwarf sich. rieb sich wieder ab. ward
unterspült und ausgeschlämmt. fand sich
im faltenwurf erneut formiert. bewegt
als ein gewand aus stein. gehüllt
darein die lagerhallen einer
anderen geschichte

unten das wasser. unablässiges
lecken am ufer. es frißt sich hinein
ins land. durch den stein. ins flächige
verdunstet und hinterläßt rest
bestände. sediment. grundlage
für wüsten. lebensfeindliche ebenen
aus derselben substanz wie das
was sich leben nennt
in einzelnen redewendungen

ich erinnere mich
an eine erinnerung. an einen blinden
blick nach längerem aufenthalt am wasser
es hat eine weile gedauert. bis ich
begriff. ein schleier
getrockneter gischt
auf der brille

dies ist mein salzstock. mein
endlager. mein heiliger hohlraum
mein hallraum. *echochamber. o chamber
amber...* es hat keine bedeutung. klingt
aber angenehm und zeigt mir meine position
im raum. den abstand zur deckenkuppel
meine entfernung zum eingang. zum fenster
zur hinteren wand. wie flughunde
im höhlenrund spreche ich
gegen die wand und höre was
ich zu sagen habe. das ist orientierung
identität. kreuzfeuer der inhalte. laute
frequenzschrapnell. jeder treffer
eine ortsbestimmung

manchmal hänge ich kopfüber
von der zimmerdecke. das ist gut
für den kreislauf und gegen die blut
armut im hirn

von mir aus gesehen
liegt der eingang in der flucht
eines langen stollens ohne aussicht
manchmal morgens kommt
mir das licht am ende des tunnels
entgegen. das ist nicht
beruhigend

dieser ort ist ortlos. ich
fand ihn zufällig. zufällig fand
ich diesen ort. diesen ort fand ich zufällig
wie man unterwegs aus der gleichförmigkeit
einer reise heraus plötzlich
die falsche abzweigung nimmt
und sich am richtigen ort
wiederfindet. am eigentlich
falschen ort. dort. wohin man nie
wollte aber von wo man dennoch
nun da man diesen ort einmal zufällig
gefunden hat nie wieder weg will

dies ist mein salzstock. mein endlager. mein
heiliger hohlraum. hier schlägt es noch
gleichmäßig. mein troglodytenherz. draußen
war mir immer als schlüge es gegen
irgend etwas an. sieben oder neun
achtel. synkopisch. mit aussetzern
einsamer stollenarbeiter. linkshänder
mit starken ermüdungserscheinungen
im oberarm. ich gehe nicht mehr hinaus

ich besitze ein messer. ein weißes
stilett mit einer schmalen klinge. zu kurz
um damit ein herz zu erreichen. eines tages
habe ich es in die tischplatte gerammt. da

steckt es seither und zittert zuweilen
bei leichten verschiebungen im boden
vorher diente es zum öffnen von briefen
ich erhalte keine post mehr. *no news
is good news*

meine seele ist unrasiert. meine kehle
von wolken gewürgt. mein gesicht zergeht
zaghaft. die haare sind drähte unter strom
ich ziehe mich weiter zurück in die
abseits gelegenen fensterlosen bezirke
des raumes. keine refugien. nirgends
allenfalls eine vorübergehende rast
mit hochgeschlagenem kragen
und abgeschaltetem telephon

die verneinung ist nicht
nur eine reizvolle denkfigur. sie ist
ein lebensentwurf von finalem rang
schafft freiräume beschleunigt
entscheidungsprozesse
und entspannt
ungemein

ich will bleiben wo ich bin. meine verfassung
verkraftet keine ortswechsel

oft schwitze ich nachts. erwache
in fieberwickeln. morgens naß die laken. kalt
wie ein seit jahren unbewohntes haus
tränen oder feuchter rest
vom gähnen. in den augenwinkeln
auf dem kissen. ich weiß es nicht. ausgespült
jedenfalls. ausgewaschene traumreste. daher
die fehlende erinnerung. der schlaf
ist ein loch. was hätte bleiben können
trocknet zu kleinen kristallen
schlummersinter. schlafdreck

die frau mit den roten haaren. die frau
mit den schwarzen. die frau mit den blonden haaren
die rasierte frau. die frau mit dem piercing
in der linken schamlippe. salzig im schritt
sie alle. man kann es schmecken
an den vorderen rändern
der zunge. jede anders
und gleich

ich habe die lust abgeschafft. trieb
ist verhängnis. ein paar
gespreizter schenkel und die ganze
contenance hat sich erledigt. der rest
ist bewegte anatomie. und würdelosigkeit
lasziv nur ein anderes wort für letal. ja
aber der rausch. die ekstase. die selbstvergessenheit
dieses aufgehen im akt. im
anderen. moment der verzückung seliger
erschöpfung. dieses lächeln
im innern. hormonelles talmi. botenstoff
tand. die wahrheit kommt aus dem labor
zellfüssigkeit blut schweiß sperma
fruchtwasser. alles banale kochsalz
lösung. simple lake. der akt
ist einer der verzweiflung und glück
ein zeitvertreib für dilettanten

seit jahren versuche ich
immer wieder zusammenzubrechen
ohne erfolg. irgend etwas hält mich
aufrecht. mehr oder weniger. übliche
haltungsschäden eingerechnet. versteht sich
der rücken sowieso degeneriertes
knochengerüst muskelschwäche
vom sitzen. ich halte mich aufrecht
im sitzen. aber immerhin. eine art
evolutionärer schwundstufe. der rest
vom aufrechten gang. leidlich stabil
die angemessene haltung desjenigen
der zwei oder drei gute gelegenheiten

zum suizid verpasst hat. andere
fangen dann an sport zu treiben

meine vergangenheit interessiert mich
nicht mehr. nur eine abfolge
unergiebiger telephonate. austausch
von befindlichkeiten und rezepten. das huhn
mit knoblauch und petersilie stopfen
von hinten. zwei schnitte
in den schenkelfalten und von dort aus
reichlich grobes meersalz unter die haut
mindestens eine stunde im ofen
zwischendurch begießen. ja
es geht mir gut. viel arbeit zwar
aber es muß ja. das salär
zum beispiel für das huhn den knoblauch
und die befindlichkeit. petersilie
sagen heißt ja sagen. beim nein
hat man andere sorgen. aber unbedingt
rotwein zum huhn. ein leichter
burgunder. harmoniert hervorragend
mit dem knoblauch. zumindest
ein trost

irgendwann habe ich aufgehört
in gegenwart von menschen zu sprechen. nicht
nur mit ihnen zu sprechen. zu ihnen. überhaupt
zu sprechen. weil ich anfing zuzuhören. mir. ihnen
sätze wie vergessenes obst. faul gärend
angefressen. kaum jemand
akzeptiert daß es nichts
zu sagen gibt

still soll es sein. erhabene ruhe. eine abgelegene
lagerhalle. zur hälfte gefüllt mit toter
fracht. der rest wartet auf künftige altlast
verhüllt im steingewand. im faltenwurf
der anderen geschichte. gesäumt
mit einer borte aus blankem karst

das grau. das schmutzige weiß
der wände. das grau
der decke der wasseroberfläche
des himmels wie stahlwolle um den kopf
gleichgeschaltete wahrnehmung. alles
zugleich auf demselben niveau. unerträgliche
präsenz der eindrücke. nicht
weil sie ausnehmend eindrücklich
wären sondern wegen der abwesenheit
jedweder ausnahme. der lichteinfall
am morgen in der gleichen lautstärke
wie moosgeruch ein müdes rempeln
in der u-bahn. nicht auszuhalten diese art
gegenwart. selbst schreien funktioniert
nicht wegen des rauhen rachens
und der schmerzen im kopf. ein schrei
kaum mehr als ein atmen
das grau. das grau
das grauen

dies ist mein salzstock. mein
endlager. mein heiliger hohlraum
mein weißer wartesaal für ein warten
ohne zu wissen worauf zu warten sich
eigentlich lohnte. aber dennoch
warten weil es einen grund braucht
fortzufahren mit dem warten. und sei es
auch nur das warten auf etwas
das irgendwann vielleicht einmal eintreten könnte
als ein ende des wartens. als eine plötzlich
eingetretene tür oder ein fallender stein
irgendwo oberhalb aus dem fels gebrochen
und jetzt im fallen für einen sekunden
bruchteil sichtbar im fenster. eine kaum
wahrnehmbare reflektion von tageslicht
nur. aber kenntlich als form
eines fallenden steins im fenster
nach den gesetzen der gravitation. in bewegung
wenigstens. während der aufschlag
unsichtbar bleibt. wie die schwerkraft

als phänomen keinerlei klarheit
entbehrt. als theorie jedoch weiter
im dunkeln liegt. unberechenbar
wie das warten am fenster
in geschlossenen räumen
bei abwesenheit aller
möglichen ereignisse

außer vielleicht dem warten selbst
als ereignis im raum. eine ausdehnung. unklar
ob sie in der geschwindigkeit des lichts
sich vollzieht oder doch langsamer um sich
greift als das licht in geschlossenen räumen
sonntags zum beispiel. zwischenzeitlich
stattfindende veränderungen. draußen
in raschem wechsel. die aggregatzustände
eines tages. während sich innen lediglich
die lichtverhältnisse ändern. allerdings
ohne erkennbare auswirkung
bleiben. an tagen wie diesen. sonntagen
beispielsweise. temperatur normal. puls
ebenfalls. aber diese entsetzlichen
schmerzen im kopf

ich habe getrunken gestern. vorgestern
auch. das spielt keine rolle. man muß
sich die wenigen gelegenheiten wirklicher
unterhaltung bewahren. erhalten. keine
rechtfertigung. nur eine feststellung
von tatsachen: ich bin verkatert. *i've got
a hangover. I'm in a bad. bad mood*
ich sage das lieber zweisprachig
um der verständigung willen. mit mir
spreche ich zeitweilig andere sprachen
aus übermut und langeweile. ich habe
sehr. sehr schlechte laune. mineralzufuhr
tut not. magnesium calzium salz

gepökeltes dasein gepökeltes
augenblickchen bitte gepökeltes. dauer
erhöhte haltbarkeit. konservierung
angesichts fortschreitender
verrottung

ich werde salzwasser trinken
unvorstellbare mengen salzwasser
mineralzufuhr. ausgleich. ich fülle mich
auf. ich behebe defizite. ich gleiche
differenzen ab. ich reduziere mich. ich
führe mich zurück auf das wesentliche
den ursprung. die kochsalz
lösung. die mineralische
existenz

exit

bitte verlassen sie diesen raum
so wie sie ihn vorfinden möchten
danke möchten sie diesen raum
vorfinden wie sie ihn verlassen
haben bitte räumen sie alles so
vorgefundene als wären sie
verlassen worden danke sie
möchten doch nicht daß man
sie so verlassen im raum vor
findet bitte seien sie für einen so
verlassen vorgefundenen raum
dankbar bitte räumen sie diese
verlassenheit als hätten sie etwas
vorgefunden danke finden sie
einen raum der so verlassen
ist wie sie möchten bitte mögen
sie derart verlassene räume danke
so finden sie raum in der verlassen
heit bitte versuchen sie nicht sich
in verlassenen räumen zu finden
danke das vorfinden verlassener
räume möchten sie bitte unter
lassen danke alles vorgefundene
ist wie sie in der verlassenheit
des raums bitte finden sie diesen
raum so wie sie ihn verlassen haben
danke unterlassen sie räumliches
vorfinden bitte räumen sie diese
so vorgefundene verlassenheit
danke wie möchten sie in diesen
vorgefundenen räumen verlassen
werden bitte verlassen sie sich
auf die stattfindende räumung
danke möchten sie so vorgefunden
den raum noch verlassen bitte
verlassen sie diesen raum so wie
sie ihn vorfinden möchten danke

für Raphael Urweider

go a head

es ist als ob
die glieder gleichsam
skelettiert

sich fügten in ein bild
leicht vornüber
gebeugt

in die eigendynamik
eines wohin-auch-
immer –

shen chinesisch u.a.
für körper gottheit
frau und fluß

– eine gestalt
über die jahre hart
am rande

zur schrift
als ein system
von zeichen kaum

noch körper: *go
a head*

nach einer zeichnung von Giacometti

autorengespräch

Du bist mir zum ersten Mal – ich weiß nicht, ob das Deine erste Publikation war – mit amabilis insania. thema mit variationen *aufgefallen, einem Sonettenkranz: Am Anfang steht sozusagen gleich die »Meisterform«. Doch ich glaube nicht, daß Du damit bloß ein »Meisterstück« ablegen wolltest. Ich denke vielmehr, es gibt eine intrinsische Legitimation genau dieser Form. Wie erklärt sich die ambitionierte Form dieser Texte? Gibt es eine Geschichte, die zum Sonettenkranz führte?*

»intrinsisch« ist gut. klingt nach »endogen«, von daher trefflich. aber nochmal auf anfang: nein, die erste publikation war das nicht, aber die erste, sagen wir, mit einer gewissen streuweite. es ging mir damals tatsächlich nicht um eine demonstration handwerklicher fähigkeiten, obschon mir das barocke verständnis vom dichter als handwerker, als »poet« in einem der möglichen wortsinne, nicht gerade unsympathisch ist. der sonettenkranz war das resultat einer langwierigen materialrecherche sowie diverser versuche, einem mir dringlichen thema in »gemachten« versen gerecht zu werden. ich hatte schon länger über die melancholie als kulturgeschichtlichen topos gearbeitet, reichlich material angehäuft und immer wieder versucht, eine geeignete gedichtform für dieses sujet zu finden. schließlich hat sich das sujet selbst seine form gesucht und gefunden. abgesehen davon, daß in der barockdichtung diese ganze melancholie- und vanitas-motivik äußerst präsent ist, stand plötzlich das sonett als genuin dialektische ausdrucksform im raum. die gedankliche bewegung in der melancholie (oder der endogenen depression, um sie zeitgemäß und pathologisch zu bezeichnen) ist ja durchaus eine dialektische, nur leider verweigert sie konsequent eine synthese, sondern konstruiert statt dessen stets neue thesen und antithesen. die strophenstruktur des sonetts kann dieses paradox aus beständiger bewegung bei gleichzeitigem stillstand sehr präzise fassen. der sonettenkranz schließlich ist dann gewissermaßen die ikonische form für das sujet: die schlange, die sich selbst vom schwanzende her verspeist. was bleibt, ist ein der masse nach sehr schweres schwarzes loch. aber da haben wir die psychologie schon verlassen und befinden uns in den sphären der physik.

Du sprichst hier am Beispiel des Sonetts von einer Semantik der Form, die durch ihre Geschichte und ihre Struktur gegeben ist und die mit dem Thema Deines Gedichtes korreliert. Außer der Sonettform verwendest Du noch andere traditionelle Formen. So schreibst Du etwa eine alkäische Ode, wo es im Spinoza-Zyklus im affekt um die cupiditas, die Begierde, geht. Sie ist ja für Spinoza der menschliche Grundtrieb überhaupt, aus dem er in seiner Ethik alle anderen Affekte ableitet, um dann aber zu fordern, daß sie von der Vernunft kontrolliert werden müßten, am besten, indem die Vernunft selber Leidenschaft werde. In diesem Zyklus stehen sich Fröhlichkeit und Traurigkeit im Blankvers gegenüber, die Liebe aber und der Hass sind in Terzinen verfasst. Du beherrschst die überlieferten Formen vollkommen, eignest sie Dir als Deine eigene Sprache an. Es scheint mir nicht übertrieben, von einem Liebesverhältnis zur Form, zur Kunst, zu sprechen. Das reflektierst Du auch in Deinen Texten, jedenfalls lese ich das Gedicht zur laetitia *nicht nur existenziell, sondern auch poetologisch: Das überlieferte Formenvokabular trägt zur Freude oder Fröhlichkeit und zur Selbstvervollkommnung bei – so interpretiere ich, einmal ganz grob gesagt, das Spinoza-Zitat (»Fröhlichkeit ist der Übergang des Menschen von geringerer zu höherer Perfektion«), auf das Du Deine beiden Siebenzeiler beziehst. Lassen wir mal die barocken Vorstellungen vom ethisch-religiösen Wert der Fröhlichkeit, vom Unwert der Traurigkeit oder von der Sündhaftigkeit der Melancholie beiseite –. Du schreibst hier: »man fängt nie an macht niemals reinen tisch / man schleicht sich ein besetzt die zwischenräume / wird vom gemisch ein teil und streicht zugleich / vereinzelt um die säume fremder formen / und greift nach fäden wie nach einem seil« und schlägt dann »wurzeln in der luft«, denn »die seile halten«. Die literarische Form ist keine Spielerei; sie kann Spiel für Dich sein, möglicherweise auch ein erotisches, hat aber, so scheint mir, neben der semantischen, oder gerade durch sie, existenzielle und ethische Bedeutung für Dich. Von diesem Konnex von Kunst und Leben, von einer Vorstellung vom Ethos der Form, zeugt auch der Haltungsbegriff, den Du in Deinem Essay* Aufwachen und Einschlafen *(Zwischen den Zeilen 15 / April 2000) verwendest. Du vergleichst dort den Prozess des Aufwachens mit dem der Entstehung eines Gedichts. Was meinst Du, wenn Du sagst, die Form eines Gedichts sei eine »Haltung«?*

mir scheint die analogie noch immer ganz plausibel. das menschliche aufwachen geht ja mit verortung, sammlung und verfügung einher. eben das gewinnen einer haltung aus einem doch sehr diffusen aggregatzustand heraus. bei einem gedicht ist es ähnlich. wenn ich die form eines gedichtes als haltung bezeichne, sage ich damit, daß sie von innen kommt. sie ist nichts rein äußerliches. man könnte sie auch die selbstgewißheit der substanz nennen. form ist das, was entsteht, wenn sich die einzelnen elemente eines gedichtes zu einer bestimmten konsistenz verfügen, haltung gewinnen, zu der man sich dann wiederum auch verhalten kann. was man gemeinhin als »traditionelle form« tituliert, also sonett, terzine etc., ist zunächst eine äußerliche kategorisierung, ein philologisches ablagesystem. für einen dichter aber sind diese traditionellen formen teil des verfügbaren vokabulars. von einer semantik der form zu sprechen, trifft diesen zusammenhang. terzinen können auf Dante verweisen, sonette auf Gryphius oder Rilke mitsamt den jeweils angeschlossenen motiv- und themenpools. aber die form sollte ja nicht nachträglich übergestülpt werden. es gibt diese art von kondomisierung der lyrik immer mal wieder, aber wer es ernst nimmt, begreift die traditionelle formensprache als eines der möglichen elemente, aus denen ein gedicht seine konsistenz, seine haltung gewinnen kann, indem es sich mit den übrigen elementen zu einem greifbaren ganzen verfügt. im fall der von Dir angesprochenen odenstrophen im ersten text der kleinen Spinoza-serie habe ich die alkäische form gesucht und gefunden, weil sie mir idealerweise eine unbändige dynamik innerhalb der extrem rigiden strenge des gefüges zu fassen scheint. also gleichsam das äquivalent zum grundsätzlich absurden versuch Spinozas, den menschlichen affekten in ihrer eigendynamik mit den werkzeugen mathematischer logik beizukommen. ich würde übrigens »laetitia« nicht mit »fröhlichkeit«, sondern eher mit »lust« übersetzen. vielleicht auch die lust am formen einer haltung. vielleicht der »konnex von kunst und leben«. vielleicht ein erotisches verhältnis zum gedicht. wer weiß.

So, wie ich Dich verstehe, ist Deine Spinoza-Serie aus der Auseinandersetzung mit einem Thema entstanden; amabilis insania *ist Resultat Deiner kulturgeschichtlichen Forschung. Wie stark bestimmt ein Thema Dein Dichten? Ist ein Problem Inspiration für*

Dich, und, falls das so ist, kann ein Gedicht seine Lösung sein, eine Antwort darauf – oder entstehen aus ihm »nur« neue Fragen?
zunächst sind ja nicht alle gedichte in ihrer entstehung gleichermaßen rechercheintensiv. für den sonettenkranz hatte ich vorher tatsächlich schon einen ziemlichen berg an material gesammelt, den ich erstmal abarbeiten mußte. beim eigentlichen schreiben dann wuchs er auf mindestens die gleiche höhe wieder an. ich habe furchtbar viel gelernt in der zeit, der stoff greift ja sehr weit aus, von der kunstgeschichte bis in die neurobiologie. zeitweilig war das materialstudium beinahe interessanter als die eigentliche arbeit an den texten. aber das war auch ein extremfall, die recherche nimmt nicht immer so viel raum ein. grundsätzlich allerdings interessieren mich beim schreiben schon bestimmte themen oder sujets, die dann zuerst einmal erkundet werden wollen. also kann auch ein konkretes problem für mich zur inspiration werden, oftmals ist aber eher die inspiration das problem. bei guter tagesform können es dann einerseits konkrete themen sein, die einen text anregen. andererseits mitunter auch einfach aufgeschnappte halbsätze, bilder oder zeilen aus anderen texten, die eine art assoziationskette in gang setzen, aus der sich dann wiederum so nach und nach ein setting für ein mögliches gedicht ergibt. ich denke jedoch nicht, daß gedichte lösungen für probleme liefern oder fragen beantworten können, bestenfalls temporäre antworten vielleicht, die dann wieder, wie Du schon schreibst, neue fragen nach sich ziehen. antworten sind auch nicht die aufgabe von kunst. fragen schon eher. oder grundlegender: das vereinzeln, sortieren und wieder neu in bezug setzen der phänomene, wie es sonst keine andere »kulturtechnik« vermag.

Du deutest gerade an, daß auch anderes als ein Problem Keimzelle eines Gedichts für Dich sein könne, z. B. eine Assoziationskette. Ich denke dabei an die Serie feuerzeug, *die Gedichte ums Feuer enthält, Feuer als Bild, (tote) Metapher der Normalsprache, literarisches Motiv oder als Topos, als Bild des kollektiven Gedächtnisses etc. Es gibt aber etwa auch die Serie* kleintiere, *in der sich Verse wie »rotten von ratten bevorzugen grotten« finden. Die Serie vermittelt den Eindruck, Du hättest dir das Thema* kleintiere *regelrecht vorgenommen. Wie kommst Du auf die Kleintiere, stand eine systematische Überlegung am Anfang der*

Reihe? Oder sind es Wahrnehmungsbilder, Erfahrungen, denen jedes einzelne Gedicht entspringt? Sodann entwickeln sich Verse rein klanglich, aus Sprachspielen, wie »rotten von ratten bevorzugen grotten« – wobei sie in der bloßen Spielerei m. E. nicht steckenbleiben, sie haben auch eine existenzielle Dimension. Wovon gehen die Texte aus?

die *kleintiere* sind eine mehr oder minder lose gereihte serie, ein gutes beispiel für die verschiedenartigkeit von initialzündungen. die ersten texte entstanden aus einer laune heraus und gehen von alltäglichen wahrnehmungen, beobachtungen aus. man wird ja in allen möglichen lebenslagen immer mal wieder mit kleintieren konfrontiert. zum serientäter wurde ich erst nach dem zweiten oder dritten text, als die idee anfing, eine gewisse eigendynamik zu entwickeln. ähnlich wie die motorik innerhalb der einzelnen gedichte, die sich primär aus dem sprachspiel speist. ein spielerisches experimentieren mit einigen lautlichen möglichkeiten des gedichts, ohne die herkömmliche semantik zu verlassen. also beispielsweise der versuch, mit überdrehten binnenreimen die rhythmische struktur der zeilen zu sabotieren, leseerwartungen zu unterlaufen etc. die ausgangspunkte für die weiteren texte konnten dann ebenfalls einfache beobachtungen sein, aber auch filmbilder (lemminge), lektürefetzen (krähen, ratten) oder der bloße klang einer zeile (ameisen). ihre bewegung aber beziehen sie in erster linie aus dem reinen spiel. die »existenzielle dimension«, die Du in den texten entdeckt hast, ergab sich dann eher beiläufig von selbst. das läßt sich manchmal nicht vermeiden.

Dein letzter Satz klingt ja fast schon ironisch. Neben dem Spiel, welches sie auch hervorruft, ist die Ironie ein Moment Deiner Gedichte, durchaus auch Selbstironie, die Deine Arbeit und Existenz als Dichter betrifft. Dem steht Pathos gegenüber, etwa im Eingangsgedicht voi ch'entrate, *einem poetologischen Gedicht, das dieses »hard cover« programmatisch eröffnet. Wie verhalten sich Pathos und Ironie zueinander?*

wenn der satz nur fast ironisch klingt, dann ist es ja nochmal gut gegangen. pathos ist ja auch eine haltung und manchmal ein gutes mittel, um gedichte vor einer gewissen blutarmut zu bewahren. ungebrochen aber ist pathos nur selten zu ertragen. daher die ironie als gegengift. beide kräfte sorgen zudem über den positionswechsel zwischen nähe und distanz für dynamik, die innerhalb dieser eher zur statik neigenden gebilde ganz reizvoll sein kann. das eingangsgedicht ist schon älter und steht in relativ ungebrochenem pathos da. es schien mir aber aufgrund der poetologischen komponente eben als eingang noch recht brauchbar. das gegengift dazu gibt es dann am ausgang. und was die von Dir angesprochene »existenz als dichter« angeht: ich befürchte, so ein dichterdasein ist ironiefrei kaum zu machen. man muß nur ein bißchen aufpassen, daß einem die ironie nicht allzu häufig in den zynismus kippt.

»Distanz« würde ich als ein Grundmoment Deiner Gedichte bezeichnen. Daß sie in Zynismus umkippen, kann ich eigentlich nicht feststellen. Vielleicht ist Zynismus ja gerade ein Umkippen von Distanz in eine perverse Nähe, spannungslos, undialektisch, langweilig, altbekannt – also uninteressant für die Kunst... Die psychologische Funktion des Gedichts rufst Du im Eingangsgedicht mit »abzuschirmen ein dünnhäutiges tier« auf. Das kann sich auf die Lesenden genauso beziehen wie auf Dich als Schriftsteller, nicht wahr? Es ist dann nur konsequent, das biografische Ich vollkommen im abstrakten, sog. Autor-Ich aufgehen zu lassen und auch das zu reflektieren mit: »kein wort von dir / soll niemand hören«. Kannst du als empirischer Mensch wirklich im Gedicht verschwinden wie hinter einer Maske, in einem »kostüm«, unter einem »panzer«? Und kann sich der, kann sich die Lesende wirklich ein Gedicht in dem Sinne anziehen und sich durch seine Verse schützen? Das geht wohl nur bei einer gewissen Seelenverwandtschaft und einem ästhetischen Einverständnis zwischen Autor und Rezipierenden – womit wir wieder von einer faktischen Nähe sprechen müßten, die über die Vermittlung des Gedichts entsteht, das doch eigentlich Distanz schaffen wollte, unpersönlich sein...

mit dem möglichen umkippen in zynismus meinte ich auch eigentlich weniger die texte, als vielmehr die haltung zum dichterdasein als »empirischer« existenzform. aber damit sind wir durchs mißverständnis mitten in die sache geraten: es ist ja nicht erst seit erfindung des »lyrischen ichs« eine reichlich komplizierte angelegenheit, die erste person singular in die schrift zu setzen. ich kann selbstredend genausowenig vollständig hinter oder in einem text verschwinden, wie ich mich andererseits auch nicht dort herauslesen lasse. das wäre ja eine »psychologische funktion« des gedichts, die mich kaum interessiert und über die ich gar nicht erst spekulieren möchte (was nicht heißt, daß in gedichten keine psychologischen phänomene verhandelt werden könnten). die gedichte aber sollten für sich und aus sich heraus funktionieren, nämlich ästhetisch. vielleicht geht es darum, eine poetologie gegen die psychologie in stellung zu bringen, durch das konkret ästhetische die spekulation zu vermeiden. »ich« bin ja nach dem schreiben der texte nicht mehr da. sie müssen also schon alleine klarkommen.

Als gelungenes ästhetisches Phänomen ist das Gedicht in dem von Dir angedeuteten Sinn unpersönlich. Es erreicht seine Selbständigkeit durch seine Form, dadurch daß es Haltung hat. Über das Formmoment des Verses und der Strophe haben wir schon gesprochen. Auffällig ist in Deinen Gedichten aber auch die häufige Verwendung von Zitaten und Anspielungen, von »fremder Rede«. Du montierst sie hart oder verschleifst sie im Text, mal kennzeichnest Du sie durch Kursivdruck oder Kapitälchen, mal sind sie unmarkiert, so daß sie als Deine eigenen Worte erscheinen, quasi einverleibt. Du setzt wohl eine gebildete Leserschaft voraus, die, wenn sie Deine Gedichte liest, zugleich auch »die Tradition«, die aufgerufenen Kontexte, mitdenkt. In diesen Zusammenhang gehört auch die Textgattung der Parodie, etwa von Rilkes Panther mit der dichter, *oder die Zote auf Benns* Kommt, reden wir zusammen. *Hast Du sehr viele Zitate, Gedichte im Kopf und sind sie häufig Keimzelle eines Gedichtes von Dir? Wie wichtig ist es für das Verständnis Deiner Texte, daß ein Zitat als solches erkannt und in seiner Herkunft beim Lesen identifiziert wird?*

ich setze keine leserschaft voraus. der erste leser bin ich selbst. wer danach liest, entscheidet der zufall oder der vertriebsweg. ich arbeite viel mit zitaten, korrekt. die sind einfach da. es ist ja nichts neues, daß literatur zu einem sehr großen teil aus literatur entsteht. ich lese mehr als ich schreibe. die zitate sind als bruchstücke material. sie können einen text überhaupt erst in gang bringen, sie können aber auch während des schreibens als marginalie auftauchen und sich nach und nach in den text einschleichen. manchmal sind sie auch auslöser, tauchen aber in der zweiten oder dritten textversion schon nicht mehr auf, weil sie unterwegs abhanden kamen. die parodie ist im grunde nur die extremform des zitats. raumgreifend, respektvoll, aber eigensinnig. ein zitat kann auch eine rolle spielen wie in der frühklassischen konzertmusik ein thema. die zitate von Pound beispielsweise in der *ezra*-serie: es gibt einen hauptsatz mit wenigstens einem klar definierten thema. zwischen durchführung und reprise klafft dieser kleine freiraum der kadenz, platz genug, um für zwei drei minuten über das gegebene thema zu improvisieren. daß schließlich, im text, der gesamte hauptsatz wegfällt und nur die kadenz stehen bleibt, ist das glück poetischer willkür. ob ein möglicher leser die zitate erkennen könnte, ist zunächst vollkommen unerheblich. der text folgt seinen textgesetzen, nicht seinen leserprojektionen. wenn aber später ein leser die zitate erkennt, freut mich das natürlich, weil er damit nicht nur das gedicht wahrnimmt, sondern auch ein bißchen teilnimmt an der entstehung des textes. noch mehr aber freut es mich, wenn das betreffende gedicht auch ohne die aufdeckung der klarnamen funktioniert.

Du duzt Pound, Du parodierst Rilke und Benn. Ich meine, ein ambivalentes Verhältnis, Nähe und zugleich Distanz, zu diesen Klassikern der Moderne bei Dir ausmachen zu können. Jede Parodie bringt dem Gegenstand ihres Anstoßes ja auch Respekt, wenn nicht Bewunderung entgegen. Hast Du von diesen »Autoritäten« in besonderem Maße gelernt? Oder setzt Du Dich von den Poetiken dieser »Unsterblichen« oder ihren Existenzformen als Dichter ab? Was interessiert Dich an ihren Gedichten besonders?

ich duze Pound aus rhythmischen gründen. »Mister Pound« wäre dreisilbig, »ezra« hingegen paßte mir als betont/unbetonte zweisilbigkeit besser in den kram, außerdem gefielen mir in der englischen aussprache die zwei weich miteinander verschliffenen konsonanten zwischen den beiden vokalen. ein ideales zeilengelenk. Rilke konnte ich früher nicht ausstehen, irgendwann las ich dann doch nochmal die *Duineser Elegien*, und plötzlich hatte er mich: mit diesem ganz speziellen sound und seiner schrecklich eleganten art des versbaus. und Benn gehört zu meinen all-time-favourites seit ich gedichte lese, aber mit dieser vorliebe bin ich ja auch nicht so ganz alleine. woher diese vorliebe rührt, kann ich gar nicht genau sagen (zumal es ja hier nur beispiele sind, ich könnte noch ein paar andere namen nennen). die personen sind es sicherlich nicht, schon gar nicht als »autoritäten«, die poetiken manchmal, als die reflexion anregende momente. aber in erster linie sind es die texte selbst: bewunderung, abneigung, hochachtung, faszination oder auch einfach nur verblüffung bei der ersten lektüre, dann fressen sie sich fest, und man wird sie nicht mehr los. gerade Benn-gedichte haben ja mitunter schlagerqualität. und das wunderbare ist, daß viele dieser texte über die jahre kein bißchen verlieren. diese eigenschaft haben aber in der regel nur die sehr sehr gut gebauten texte, und an diesem punkt setzt dann mein »technisches« interesse ein: wie ist das gemacht? diese frage bringt meistens mehr als eine beschäftigung mit den jeweiligen poetologien, denen ist eher nicht zu trauen. wenn Benn zum beispiel in einem der einflußreichsten poetologischen texte der nachkriegszeit, dem vortrag *Probleme der Lyrik*, fordert: »Ein Gedicht muß entweder exorbitant sein oder gar nicht«, man dann aber liest, wieviel, sagen wir, suborbitantes zeug er als gedichte durchgehen ließ, dann kann man das auch einfach nur komisch finden. was seiner singulären qualität als dichter jedoch keinen abbruch tut. über solche schrägstände kommt man dann gelegentlich auch zur parodie. im falle von Rilkes *Panther* war es zunächst ein überdruß am gedicht. es ist ja fast schon ein synonym für die ganze gattung. aber der eigentliche auslöser für die parodie war die dichterfigur Rilke. ich dachte: »was will der eigentlich? läßt sich von wohlhabenden adelsdamen aushalten und stilisiert sich als müdes raubtier hinter gittern. hat der keine andere sorgen?« und so kommt dann die parodie in gang. daß der originaltext das problemlos aushält, spricht für seine güte.

Das Musikalische, der »sound«, wie Du sagst, ist ein wesentliches Formmoment Deiner Gedichte, der Lyrik überhaupt. Du hast oben ein Gedicht in musikalischer Terminologie beschrieben. Ist das Machen eines Gedichts mit dem Komponieren – in der Regel ein langwieriger und komplexer Prozeß – vergleichbar? Schreibst Du lange an einem Text, und wenn ja, liegt das auch an diesem Anspruch an seine Musikalität als ein wesentliches Moment seiner Selbständigkeit und Haltung?

manche gedichte passieren einfach, sind also vergleichsweise schnell geschrieben. aber das kommt eher selten vor. normalerweise arbeite ich recht lange an den einzelnen texten. das liegt jedoch nicht an der musikalischen komponente allein. im gegensatz zur prosa haben gedichte auf dem papier schon drei dimensionen: eine horizontale, eine vertikale und eine in die räumliche tiefe, also in die textschichten hinein. mit den klanglichen eigenschaften tritt gewissermaßen noch eine vierte dimension hinzu. diese vier dimensionen miteinander zu koordinieren, sie zusammenzubinden, kann schon mal ein weilchen dauern und ist sicherlich ein vorgang der komposition. man könnte die analogie auch noch weiter treiben, indem man kategorien wie zum beispiel die instrumentation hinzunimmt. ein gescheiter theoretiker hat die poesie mal eine »ton-satz-lehre« genannt. wörtlich genommen kann ich das unterschreiben.

Das Email-Interview führte Susanne Schulte.

inhalt

voi ch'entrate   5

komposita
    selbstportrait tagesnotiz   9
    herbstwind argonautenantrieb   10
    sperrstunde allerseelen   11
    wintereinbruch schlagschatten   12
    laborlicht schlafentzug   13
    scherbengericht druckausgleich   14

zu fressen hast du also
    der dichter   17
    fragmente   18
    Ach es ist ja keine Dichtung   19
    ich bin ein name   20
    komm oder was dichter wirklich zu sagen haben   22

ezra
quasi una cadenza
    alba   25
    genova   26
    torino   27
    rapallo   28
    s. niccolo   29

kleintiere
    das wespennest   33
    einzelne ratten   34
    ameisen reisen   35
    die krähen   36
    einige lemminge   37
    wie viele eintagsfliegen   38
    wenn tauben   39
    so eine spinne   40
    in diesen stunden   41

    den kadaver   42
    die dohlen   43

nirgends ein besserer ort
    berlin. abraum 1997   47
    gelblicht über der elbe   51
    seestücke   52
    spätvorstellung sonntags   56
    sakura   57

amabilis insania
thema mit variationen   59

ach anna.
seufzerkalendarium
    prolog   79
    januar   80
    februar   81
    märz   82
    april   83
    mai   84
    juni   85
    juli   86
    august   87
    september   88
    oktober   89
    november   90
    dezember   91
    epilog   92

feuerzeug
    gradiva   95
    auf tritt nero   96
    die kunst der fuge   98
    jimi plays monterey   100

meistens dann wenn nichts geschieht
dreizehn vergebliche versuche   103

im affekt
    sie aber namenlos   121
    cupiditas   122
    laetitia   123
    tristitia   124
    amor   125
    odium   126

im salz   127

exit
    bitte verlassen sie diesen raum   143
    go a head   144

autorengespräch   145

bei den kursiva auf den seiten 18 bis 21 handelt es sich um gedichtfragmente aus dem nachlaß Gottfried Benns, die auf anregung der kollegen Arne Rautenberg und Raphael Urweider für ihr projekt »benn beenden« dreisterdings und eigenmächtig beendet wurden. die unbehandelten bruchstücke finden sich weiterhin in den einschlägigen werkausgaben.

der autor dankt der *gwk, gesellschaft zur förderung der westfälischen kulturarbeit*, für die nachhaltige unterstützung seiner arbeit.

Die Deutsche Bibliothek – CIP Einheitsaufnahme

Bibliografische Information Der Deutschen Bibliothek
Die Deutsche Bibliothek verzeichnet diese Publikaton in der
Deutschen Nationalbibliografie; detaillierte bibliografische Daten
sind im Internet über <http://dnb.ddb.de> abrufbar.

http://www.nyland.de

Im Auftrag der Nyland-Stiftung, Köln,
herausgegeben von Walter Gödden

Bücher der Nyland-Stiftung · Köln
Reihe: *Neue Westfälische Literatur*
Band 14

Vertrieb und Auslieferung:
Ardey-Verlag · An den Speichen 6 · 48157 Münster
www.ardey-verlag.de

ISBN 10: 3-87023-155-6
ISBN 13: 978-3-87023-155-2 (gültig ab 2007)

© 2006 by Nyland-Stiftung · Köln
Lektorat: Wolfgang Delseit
Redaktion: Lelo Cécile Burkert-Auch

Satz: TIESLED Satz & Service, Köln
Herstellung: AZ Druck und Datentechnik · Kempten (Allgäu)